浦上の原爆の語り

永井隆からローマ教皇へ

四條知恵

未來社

浦上の原爆の語り——永井隆からローマ教皇へ　目次

浦上の原爆の語り——永井隆からローマ教皇へ

装幀——伊勢功治

第一章　歴史の語りを繙く

父よ！　母よ！　兄妹よ！
僕たちがこうして
誰からもかまわれないで
捨て犬よりもみじめに
死ななければならなかった理由は
一体どこにあるのだろう！

ああ僕はききたい
何故僕たちだけが
こんなむごい死にかたを
しなければならなかったのか
納得のいくように答えて下さい
僕たちの死は

一体どれほどの意義があるのか
明確に答えて下さい
でないと
僕たちは安らかに眠れないのです[★1]

原爆詩人と呼ばれた福田須磨子の詩「夏の夜空に聞える声」からの抜粋である。被爆地において原爆被害を語るという行為は、原爆死の意味を探し求める行為だった。言い知れない苦しみ、悲しみを慰撫し、あるいは被爆地の存在を意義あらしめるため、個々人あるいはいくつもの集団により、さまざまなかたちで原爆被害は語られてきた。本書の関心は、長崎市への原子爆弾の投下という歴史的な出来事を対象に、浦上のカトリック教徒がどのように原爆被害を捉え、語ってきたのかということを、「歴史と語り」という枠組みを参照しつつ、実証的に明らかにすることである。

歴史叙述についての先行研究

「歴史と語り」という理論的な枠組みを説明するに先立ち、歴史というものを再考するきっかけとなった歴史と記憶および表象に関する研究の流れを簡単に見ることとする。

歴史という概念は、一九六〇年代以降、大きく変容しつつある。「歴史と記憶」に関しては、一九八〇年代以降、一九五〇年に出版されたモーリス・アルヴァックスの『集合的記憶』[★2]が再評価されるとともに、ピエール・ノラによって、『記憶の場』という大がかりな論集の刊行が行なわれ、そのなかで、「記憶の場」という概念が提唱されている。社会学においていち早く記憶を論じたアルヴァックスは、未完の著書『集合的記憶』のなかで、記憶という概念を歴史とは異なったものとして描いた。歴史は客観的で単一な事実に基づく普遍的なものであるが、記憶は社会的文脈のなかで持続する多様なものと考えたのである。しかし、アルヴァックスの提唱した記憶は社会的なものであるという概念をつきつめていくと、歴史と記憶の境目はあいまいになってくる。それぞれの集団の集合的記憶が多様であると同時に、そこから生み出される歴史もまた多様であり、人間が過去を語る際に、多様な集合的記憶を離れた単一の普遍的な歴史というものは、そもそも紡ぐことができない。当初、単一で普遍的なものとして歴史を想定していたアルヴァックスは、記憶と忘却は、社会との関係性のなかで行なわれるという「集合的記憶」の概念を提唱することで、みずからを含む従来の歴史観を掘り崩す可能性を提示した。また、歴史家ノラも、記憶と歴史を相反するものと捉え、歴史は、「普遍的となる使命をもつ[★3]」と述べているが、たとえば、博物館や記念碑、同窓会や記念行事などの「集合的記憶が根づいている重要な『場』[★4]」を「記憶の場」と呼ぶことで、過去の事実そのものよりも、その「再記憶化[★5]」に着目するという土壌をかたちづくった。

同時に、ポール・トンプソンが著書『記憶から歴史へ——オーラル・ヒストリーの世界』[★6]で指摘するように、これまで歴史研究で重視されてきた公式記録、新聞、回想録などの文字史料以外にも、研究対象は広がりを見せてきた。メディアの発達によって、ビデオや音声などの手段が用いられるようになり、オーラル・ヒストリーを通して、記憶をもつ人間そのものも研究対象となってきた。記憶を表象する手段としての写真や絵画、音楽、記念碑などを対象とする研究も蓄積されている。従来、歴史とは「客観的で単一の事実」を明らかにするものと捉えられてきたが、記憶という概念が着目されるようになるにつれ、このような歴史概念そのものが俎上に載ることとなり、研究対象も広がりを見せることとなった。

このような流れを受けて、日本においても記憶をめぐる学際的な研究成果を取り入れようとする動きが出てきた。一九九〇年代半ば以降、「思想」「現代思想」といった専門雑誌では、歴史と記憶に関する特集が多く組まれるようになった。歴史研究においても、たとえば歴史学者らによって編集された『記憶のかたち——コメモレイションの文化史』では、「記憶が提起する過去のヴィジョンを、ある種の合意を得た一定の手順を踏んで、しばしば洗練されかつ権威を帯びたものとして世に送り出すための制度とその生産物」★7として、歴史を記憶から派生するものの一形態と捉え、記念行事や銅像、あるいは祭りといった記念・顕彰行為を取り上げている。

いまひとつ、記憶の問題と絡み合って、歴史という概念を再考するきっかけとなったのが、「歴史と語り」という枠組みである。歴史を語りという枠組みで捉えるということは、平たく言えば、文字史料はもちろん、写真、音楽、記念碑などのさまざまな媒体を用いながら、従来の歴史学のように、歴史を叙述することを目的とするものではなく、歴史を語るという行為自体、つまり、なぜそのような語りが成立したのかということに目を向けるものである。以降、その主要な流れのひとつである歴史の物語論を中心に、「歴史と語り」に関わる先行研究を概観したい。

一九六〇年代に、認識や存在などあらゆるものについて、言語の外部を認めない立場をとる「言語論的転回」と呼ばれる現代思想の大きな動きが現われたが、歴史哲学は、これを歴史の考察に取り入れて展開してきた。歴史の物語論の代表的な提唱者であるアーサー・C・ダントは、著書『物語としての歴史』のなかで、「歴史は物語を語るのだ」[8]と述べ、歴史の叙述的側面に着目した議論の口火を切った。また、過去の出来事すべてを、起こったときに起こったように書き留めることのできる「理想的編年史家」という例を用いて、過去の完全な記述というものはありえず、たとえあったとしても、それは理想的な歴史ではないと論じた。さらに、「結びつけられる過去のちがいに応じて、現在の経験が異なってくる」[9]と、過去と現在との関係にも言及している。ダントは、物語を「ある出来事を別のものと一緒にし、またある出来事を関連性に欠けるとして除外するような、出来事に負荷された構造」[10]と捉えた。したがって、私たちが過去について与えるいかなる説明も、選択と強調と削除を含むものであり、過去について完全に客観的な言明を行なうことは不可能であるということを指摘している。また、ヘイドン・ホワイトは、*Metahistory*[11]において、レオポルト・フォン・ランケやジュール・ミシュレなどといった一九世紀のヨーロッパの歴史家の著作を、その内容ではなく、歴史記述に焦点をあてて検討することで、歴史の孕む相対性を浮き上がらせた。のちにホワイトは、歴史上の現象についてのあらゆる表象が相対的とならざるをえないのは、「過去の事件を説明と理解の可能な対象として描きだし、ひいては構成するために、言語が使用されるからにほかならない」[12]と、歴史の相対性を言語の使用によるものと位置づけている。このほか、ポール・リクールは、『時間と物語』[13]において、歴史学を自然科学と同じ一般法則で捉えようとするカール・ヘンペルらに対する批判を展開し、歴史の物語的特性を擁護している。

歴史の物語論は一九六年以降、広く人文科学で取り上げられ、日本においても幅広い分野でその成果が取り入れられてきた。日本の歴史学では、歴史理論そのものについて、歴史学者からの発言がきわめて少なかったと言われるものの[14]、成田龍一が『「戦争経験」の戦後史』[15]、『〈歴史〉はいかに語られるか』[16]、『近現代日本史と歴史学』[17]などの歴史の叙述的側面に焦点を当てた一連の研究を行なっている。成田は、日本の歴史学において一九九〇年代ごろから「構成主義」の視点も重視されるようになったと指摘し、歴史は叙述を通して提示されるために、叙述する際の形式や作法の影響が着目されるようになってきたと述べている。『歴史』もまた物語であるという視点が導入され、隣接領域である文学との関連性が重視されるようになった」[18]という認識に基づき、みずから文学作品にも研究対象を広げることで、叙述性への着目がもたらす歴史学と文学の境界のゆらぎを示した。成田は、文学者川村湊とともにホストを務めた鼎談をまとめた『戦争はどのように語られてきたか』のなかで、歴史の語り方と小説の語り方には重なる部分があると指摘し、「歴史はヒストリーとして、ひとつの物語であり、語りである」[19]と述べている。また、社会経済史を専門とする小田中直樹も、言語論的転回以降の物語論も含む動向を踏まえたうえで、歴史学の立ち位置を探っている。[20]このほか、キャロル・グラックは、日本の歴史家の近代日本についての歴史叙述を複数の物語《ナラティヴ》と捉え、語ること自体に着目した研究を展開した。[21]歴史学研究会が一九八〇年〜二〇〇〇年代までの歴史学を回顧して編んだ『歴史学における方法的転回』[22]では、成田を含む複数の歴史学者が、記憶や物語という概念を取り入れて歴史学の動向を整理している。この「歴史は物語である」という観点をめぐっては、一九九〇年代を中心に、日本近現代史において「慰安婦」問題などをめぐる論争が学際的に展開され、インパクトを与えたが、このことについてはのちに詳述することとしたい。

社会学では野口祐二が、医療や看護、福祉といった臨床分野でのナラティヴ[23]の役割の重要性を提唱し、あらゆる現象が社会的に構成されているというアプローチを取ることにより、逆にそれを再構成する可能性が開かれるという展望を示している。[24]また、浅野智彦は、「物語」をキー概念として、自己の生成と変容を理解するアプローチを取り、自己は自分自身について物語ることを通して生み出されると述べている。浅野は、「自伝や自分史を書くとき、人は自らの過去について単に記録しているのではなく、過去を物語へと加工することによって現在の自分を作り出しているのである」[★25]と述べる。これらは、歴史の叙述的側面を検討する際にも、有用な視点であろう。このほか、ライフヒストリーやライフストーリー研究と呼ばれる分野では、「何が語られたのか」ではなく、「いかに語ったのか」という語りの様式にも注意を向け、ライフヒストリーの語りを語り手とインタビュアーとの相互行為を通して構築されるものと捉える、構築主義や物語論を織り込んだアプローチも生まれている。[★26]

哲学からは、野家啓一や鹿島徹らが物語論と歴史との関係について考察している。野家は、一九九六(平成八)年に『物語の哲学――柳田國男と歴史の発見』[★27]を出すなど、歴史の物語論に対する一連の考察を発表し、歴史を超越的視点から記述された「理想的年代記」ではなく、「人間によって語り継がれてきた無数の物語文から成る記述のネットワーク」[★28]であると説明している。野家が紹介し、かつ提唱した物語論は、本人も『物語の哲学』[★29]の「増補新版へのあとがき」で述べるように、毀誉褒貶相半ばする論評の対象となり、哲学を越えて各分野に影響を与えることとなった。また、野家の物語論を受けて鹿島は、著書『可能性としての歴史』[★30]のなかで、物語論によってもたらされる歴史の可能性について発展的に考察を行なっている。二〇〇九(平成二一)年に発行された「岩波講座　哲学」シリーズの第一一巻のタイトル『歴史/物語の哲学』[★31]が示すように、歴史の物語論は、現在も日本の歴史哲学の主流と言える。

歴史の物語論に対する批判

歴史の物語論には、その限界に厳しい批判が寄せられてもいる。その主要なものを見ることとしたい。まずひとつは、ある物語的歴史記述が、みずからの正当性を排他的に主張するとき、必然的になんらかの過去が隠蔽されるか、抑圧され、あるいは排除されてしまうということである。この批判と関連して、「慰安婦」問題をめぐる論争などでは、歴史を語る際の「客観的事実」および立場をめぐる問題が浮上した。いまひとつは、たとえばアウシュヴィッツの強制収容所における出来事に見られるように、過去の出来事のなかには、語りえないものがあるということである。

最初の論点について、歴史の物語論は、私たちが過去について与えるいかなる説明も選択と強調と削除を含むものであり、過去について完全に客観的な言明を行なうことは不可能であるという観点に立つものだが、これにより、意図的な過去の隠蔽、抑圧、排除をどのように捉えるのかという問題が生じてくる。歴史の物語論に対して倫理的観点から批判が向けられたのは日本に限ったことではないが、日本でも、物語論が広く認知された時期が「新しい歴史教科書をつくる会」などの登場と重なり、歴史修正主義の論拠として物語論が用いられるという事態が生じた。「歴史は物語である」という観点は、「慰安婦」問題などがクローズアップされるなかで、論争の対象となる。

「慰安婦」論争は長期間にわたり、裾野も広いために、一言でまとめると取りこぼす部分も多いと思われるが、あえてまとめると、基本的には、大日本帝国政府および軍の関与と日本国政府の責任をめぐって「慰安婦」の存在を認め、日本国政府は謝罪して補償すべきという立場と、「慰安婦」の存在そのものを否定するか、少なくとも政府や軍は関与しなかったと主張する二つの立場の対立が軸になってきたと言える。しかし、物語論という観点からこの論争を見ると、別の様相が浮かび上がる。歴史学者の吉見義明は、回想や聞き書きを交えながら関係する公文書を丹念に収集し、模範的な歴史学の手法により従軍慰安婦の「真相の全面的解明」を目指した。吉見の研究により、慰安所の設置における軍および政府の関与や、慰安婦の徴集は多くの場合強制的に行なわれたということが明らかになった。[★32]一方、政治思想家の坂本多加雄は、「われわれ」のアイデンティを支えるもっとも重要なものは、「国民の歴史」であるとして、「国民の歴史」を「〈国民〉を形成した人々が、過去から何を継承してきたか、今後それをどのように積極的に活かしていくかということを反省的に捉えて、物語として再構成されたものに他ならない[★33]」と定義する。坂本は、歴史は物語なので史実はわからないという立場をとったうえで、「慰安婦」問題については、慰安婦の徴集は強制ではなかったという類の主張を行なった。物語論を援用してみずからの主張を正当化するということは、同時にその主張の虚構性を認めるという諸刃の剣でもあったが、客観的事実に基づいて歴史修正主義を批判する者の足場を掘り崩すことにもなった。さらに、フェミニズムの論客として知られる社会学者の上野千鶴子は、慰安婦制度に政府や軍の関与があったか否かという点では吉見の立場に立つが、歴史の表象をめぐっては、言語論的転回以降の社会科学の流れを踏まえて、次のように吉見らの手法を批判している。

学問の「客観性」「中立性」「普遍性」が疑われ、その「客観性」「中立性」こそが抑圧の政治であることをあばかれているときに、ふたたび「より客観的な歴史」に向かって学問の「真理性」を競うことにどんな意味があるのだろう。[★34]

これは、女性史という観点からの「事実が立証も反証もできないときに、歴史家はどうするのだろうか」[35]という問いかけだった。上野は、坂本と同じく歴史には事実も真実もないと述べたうえで、語ることで被抑圧者の歴史を構築することの重要性を訴える。「慰安婦」論争は、物語論という観点からは、坂本、上野が吉見に対立するというねじれた構造をとった。もともと、このような物語論における立場性の問題は、ダント以来、指摘されてきたことでもある。

歴史家がある特定の出来事や個人を選んで物語を書く場合、その主題が彼にとって道徳的な興味があるからそうするということがしばしばある。そのため彼は実際に起こったことの叙述に加えて、ある種の道徳的な主張を行おうとする。[36]

「慰安婦」問題をめぐる論争は、この特定の歴史的な出来事を語る際の、「道徳的な主張」を顕在化させるものだった。前記の上野の批判には、これでは、不可知論になるか、どの視点を信ずるか、あるいは好むかという信仰や嗜好の問題になってしまうと、吉見自身が、「少なくとも学問であれば、複数の構成された『現実』のうち、どれにより説得力があるか、どれに根拠がないか、ということ、つまり実証性が問われなければならない」[37]と反論をしている。

また、哲学者である高橋哲哉は、歴史修正主義を斥けるべきという立場から、「『歴史の物語り論』自体の中に、『国民の物語』論を斥けるどんな根拠があるのか」[38]という疑問を突きつけた。物語論自体に、矛先を向けたのである。この高橋の批判は、ダントの言葉を借りるならば、みずからの立場や関心に基づいた「道徳的な主張」であるという点で、歴史修正主義と同じ土俵にある。とはいえ、吉見も危惧するように、歴史をすべからく物語られたものであるとするならば、客観的事実か否かというものさしは消え、ある立場を擁護し、あるものを斥けるための基準が失われてしまう。そのことに対するとまどいは、歴史の物語論に触れるものに、多かれ少なかれ生起するものではあるだろう。この問題提起は、「慰安婦」問題をめぐる論争の展開や前記の歴史修正主義の台頭とも相まって、歴史を語る際の立場性の問題を強く印象づけることになった。

第二の論点は、そもそも、語ることのできない出来事をどう扱うのかということである。これは、歴史を語りつくすことができるかどうかということとは別の問題系であり、記憶されるよりも、忘却される出来事の方が圧倒的に多いなかで、なお、掬い取ろうとしても、できないものがあるという指摘である。高橋哲哉は、野家啓一の「歴史の哲学」のテーゼのひとつ、「物語りえないことについては沈黙せねばならない」に対し、ナチスによる強制収容所における出来事の例を引き合いに出して、次のように問いかけている。

もし、記憶されるべき出来事の核心に〈記憶されえぬもの〉や、〈語りえぬもの〉があったとしたら、そしてそれが、われわれの歴史の肉体のそこかしこに知られざる〈忘却の穴〉を穿っているのだとしたら、どうなるのか。★39

アウシュヴィッツにおける出来事をめぐっては、多くの研究者により、表象の限界を検証する試みがなされ★40、トラウマという概念ともからめて議論が行なわれてきた。キャシー・カルース編の『トラウマへの探究』★41を参照すれば、「トラウマ記憶」とは、衝撃的な体験によってもたらされた、自己に同化されない圧倒的記憶の破片群である。それらは、ストーリーへと加工されず、始まりも途中も終わりももたない。トラウマ記憶は、理解することができず、したがって語ることのできないものとして立ち現われ、その体験の迫力は、あたかも、その理解の崩壊から立ち上がってくるように見える。そしてその体験を語り、理解のなかに統合することは、トラウマ記憶の特徴である迫真性をそぐこととなってしまうのである。このことについて、C・カルースは「あまりにわかり過ぎてしまうということが危険なのだ」[★42]と述べている。こうした出来事について、P・リクールは、「言葉の表象能力と出来事の要求との間の隔たりをかぎりなく埋めることは、禁じられていない」[★43]と述べているが、ここでの問題は、まさに語ることにより、出来事の本質的な何かが失われてしまうということにある。さらにこれを進めて、次のような批判もなされている。

理解の外部にあるものを理解可能なものに縮減し、あるいはそれが可能であると主張することによって、物語論者は問題の事柄がもつ破壊力を封印し、非人間性を生む現行の枠組みを放置する結果に陥るのである。[★44]

これらの批判を織り込んだうえで、物語論を肯定的に捉え直す試みも行なわれている。最初の論点である、過去の隠蔽、排除という問題について、野家啓一は当初の論においてすでに、P・リクールの言葉を引用して、次のような一文を記していた。

リクールは「どんな物語文も後世の歴史家によって修正を受けるのを免れ得ないのであるから、

物語的言述は本質的に不完全である」と述べているが、この「不完全である」を「未来の可能性に開かれている」と言い換えたとしても、それは結局同じことになるであろう。[45]

鹿島徹は、この部分をさらに展開し、物語り論的歴史理解の基本姿勢とは、物語り行為によって出来事の取捨選択が行なわれ、それゆえ一定の事象の排除・隠蔽が必ずそこに随伴するという事態にこそ、目を向けるものだと述べ、さらに次のように続けている。[46]

そうであるならば、物語り論的歴史理解とは、従来の歴史の物語によって覆われてきた事柄にたいし人びとの注意を喚起するとともに、隠蔽・排除されたものの痕跡を手がかりとした新たな歴史の語りをうながすという潜勢力をもつのではないだろうか。[47]

鹿島が企図したのは、野家の論をその弱点においてではなく、「可能性」において捉え直し、物語り論的歴史理解によって開かれる歴史の可能性を提示することだった。

また、この過去の隠蔽・排除という問題に付随する、歴史を物語とすることによって、ある立場を擁護し、あるものを斥けるための基準が失われてしまうという点に対しては、歴史学の存在意義に関わる問題でもあり、歴史学者からの危惧が示されている。物語論を積極的に取り入れて研究を進めている成田龍一も、歴史は歴史相対主義の立場に行き着かざるを得ない側面をもっていると前置きしつつ、歴史は人びとの記憶から遊離したかたちでは存立し得ないし、その痕跡としての記録からもかけ離れることはできず、「必ずある縛りがかかっている」と述べている。[48] 小田中直樹も、言語論的転回以降の物語という枠組みを踏まえ、歴史学はつねに変化するものであり、絶対的な「事実」や「正史」はないとしたうえで、「史料批判などによって『コミュニケーショナルに正しい認識』に至る」ことが歴史学の営みであり、そこに歴史学の存在可能性があるとしている。★49 また、立場性の問題については、歴史学においてもC・グラックのように、現在の視点を意識して、みずからの立場を主体的に打ち出していくという試みが見られるようになった。★50

語り得ないものをどのように扱うのかという問題について、前述した「物語りえないことについては沈黙せねばならない」という野家啓一の提示したテーゼに対する高橋哲哉の批判は、語られたものがすべてだとすると、結果的に「征服者」に奉仕し、記憶の抹消に加担することになるのではないかという危惧からきたものである。★51 同様に、トラウマ論をめぐって直野章子は、沈黙こそがトラウマを表象する唯一の方法だと主張するポストモダニストに対して、「トラウマ的出来事が表象不可能であると主張することによって、さらなる沈黙を作り出す結果になる」というドミニク・ラカプラの言葉を引きつつ、語りにできないということと表象不可能ということを混同すべきではないとし、「語りにならない呟きや叫び、言い淀み、そして沈黙さえをも、生存者が発する言葉として聴きとり、そこからトラウマの力を読み解くことが重要なのだ」★52 と指摘している。これは、トラウマを表象することの困難を踏まえつつ、トラウマ体験者の苦しみをどう知り得るのかを模索するなかから生まれた視点である。

このように、歴史の物語論は、限界を顕わしつつ、深められてもきている。高橋哲哉の批判の一部は、これまでの物語論の流れを勘案することなく、別系列の議論を特定の論者に向けたものとも言えるが、そのなかには、本質的な指摘も含まれていた。これらの批判を織り込み、物語り論的歴史理解の限界を踏まえつつ、隠蔽・排除されたものの痕跡を「新たな歴史の語りを促す潜勢力」と捉える鹿島の論は、従来の歴史の物語論に、別の角度からの豊かさを与えている。また、語り得ないものをも聴き取ろうとする直野の姿勢は、語るということの限界から先へどのように手を伸ばしていくのかという模索のひとつと言える。これらの議論のなかでとくに焦点が当たってきたのは、まさに、語るということの限界をめぐる問題についてであった。この限界を知りながら取り組みを模索しようとする前記の指摘はいずれも、語るということをめぐって、みずからの立ち位置を明確に示したものでもある。

歴史の物語論をめぐる展開は、「歴史と語り」の枠組みのなかで主要な位置を占めるが、従来の先行研究を概観すると、歴史哲学が牽引してきたこともあり、全体として理論的側面からのアプローチが多く、歴史学としての実際の資料を用いた検討は、いまだ途上にあると言える。隠蔽・排除されたものの痕跡を「新たな歴史の語りを促す潜勢力」と捉える鹿島の論にしても、理論的側面からの提示であるために、隠蔽・排除されたものの痕跡を浮かび上がらせようとする動きを理論的に評価するという本人の立場はわかるにせよ、隠蔽・排除された語りが、どのようなプロセスを経て新たな歴史の語りの潜勢力として浮き上がってくるのか、また、語りが生み出される社会における状況の変化が、複数の語りの布置にどのような影響を及ぼすのかなどといった具体的な状況を示せているわけではない。歴史を語るということに関しては、依然として多くの謎が残っており、このような語りと社会との複雑な様相に分け入るには、語りが生起する現場からの実証的な検討と問題提起が不可欠である。

原爆被害についての先行研究

広島、長崎における原爆被害は、アウシュヴィッツにおける出来事と並び、戦争の世紀と呼ばれる二〇世紀を象徴する歴史的な出来事だった。本書では、長崎の原爆被害を取り上げるが、原爆被害に関する先行研究全体を把握するために、広島も含めた原爆被害に関する先行研究の流れを見ることとする。

広島における原爆被害について、広島市は、一九七〇年代から五巻組みの『広島原爆戦災誌』[★53]を出すなど、原爆の被害に特化して戦災資料を収集し、詳細な記述を行なってきた。また、原爆による被害からの復興を中心とした戦後史『原爆三十年――広島県の戦後史』[★54]や『都市の復興――広島被爆40年史』[★55]に加え、七〇年代、八〇年代に刊行された『広島県史』[★56]、『広島新史』[★57]のなかでも、原爆の被害およびその被害からの復興の歩みを戦後の市史、県史の主軸のひとつとして、労力を割き、記述してきた。一方、長崎の原爆被害については、広島市に比べて資料収集、調査という観点からは見劣りするが、同じく一九七〇年代から長崎市により五巻組みの『長崎原爆戦災誌』[★58]が発行されている。一九五〇年代から刊行された『長崎市制六十五年史』[★59]では、他文献に比べて原爆被害に紙幅を割いているものの、一九七六（昭和五一）年発行の『長崎県史　近代編』[★60]には、原爆被害の記述はほとんど見られない。最近発刊された『新長崎市史』[★61]のなかにも一定の記述はあるが、主軸として扱われているとは言い難い。このような公的機関の資料収集、記述に対する取り組みの差は、両地域における原爆被害に関わる資料の蓄積の差をもたらす要因のひとつとなっている。

学界のこれまでの成果を概観すると、総合的な学術研究の成果としては、一九七七（昭和五二）年に広島市と長崎市でNGO主催の「被爆の実相とその後遺・被爆者の実情に関する国際シンポジウム」（以下：77シンポ）が開催され、長崎では報告書『原爆被害の実相』[62]、全体では『被爆の実相と被爆者の実情』[63]が、報告書として刊行された。同年、一九五〇年代からの原水爆白書運動を源流に、理学、医学、生物学から人文社会科学にわたる『広島・長崎の原爆災害』[64]が刊行され、「被爆地の全体像把握を試みた文献がやっと出来た」[65]と市史においても画期的なものと評価されている。また、長崎では、被爆体験証言運動の成果として一九六九（昭和四四）年に証言集『長崎の証言』[66]が創刊され、被爆者の証言を収録するのみならず、広く原爆被害に関する調査研究、資料収集を行ない、総合的な原爆戦災誌としての役割を果たすとともに、戦後の原爆被害の語りを概観するうえでも貴重な資料となっている。長崎総合科学大学の鎌田定夫は、この『長崎の証言』を刊行して被爆者証言運動の拠点となった「長崎の証言の会」や長崎総合科学大学に設置された「長崎平和文化研究所」などの設立に深く関わり、一九六〇年代から外国人被爆者問題を視野に入れつつ、平和研究や被爆者の証言運動の実践に取り組むなどの多角的な活動を展開してきた。長崎平和文化研究所は、一九七八（昭和五三）年から機関誌『平和文化研究』を発行し、さまざまな分野の研究者により、原爆被害においても一定の成果を積み上げている。

原爆被害がいち早く取り上げられた学問分野は、文学だった。一九五〇年代に発行された『長崎市制六十五年史　後編』[67]は、四章「原爆の記録・芸術」で、『長崎の鐘』[68]をはじめとする原爆の記録や文学作品などに多くの紙幅を割いている。長岡弘芳は「原爆投下がもたらした、あの目に見えるかぎりにとどまらず、内部からも人間存在を蝕み脅かしてやまぬ、その事実」を題材とするものが、原爆文学である[69]と定義しているが、そもそも原爆被害を文学の素材として取り上げることに関して、主に

「中国新聞」上で一九五三（昭和二八）年には第一次、一九六〇（昭和三五）年には第二次の原爆文学論争が、作家を交えて展開されてきた。長岡弘芳は、一九七三（昭和四八）年に『原爆文学史』[★70]を出版し、「原爆文学」の時期区分を行ない、体系化している。二〇〇一（平成一三）年には、九州大学の花田俊典を中心に「原爆文学研究会」が発足し、現在も機関誌『原爆文学研究』の発行を通じ、文学にとどまらず、広く原爆の表象を対象に活動の幅を広げている。

　歴史学では、広島においては今堀誠二が、比較的早い時期に平和運動から見る戦後史『原水爆時代』を記している。[★71]また、『広島新史　歴史編』[★72]、『広島県史　原爆資料編』[★73]の双方を執筆した宇吹暁が、被爆体験手記の集成や平和祈念式典の歩みを含めた一連の精力的な研究を行なうとともに、長年、原爆問題に接してきた自身の蓄積の集大成として、『ヒロシマ戦後史』[★74]を刊行している。このほか、占領期の原爆被害報道に対して米軍が行なった検閲については、モニカ・ブラウや繁沢敦子らの成果があげられるが、[★75]長崎に限って見ると、原爆被害や戦後の被爆者運動などを専門とする歴史学者はおらず、広島と比較して成果が乏しい。これには、地方の国立大学である長崎大学に人文・社会科学系の学科がなかったことも一因と考えられる。

　社会学では、一九六五年に行なわれた厚生省原子爆弾被爆者実態調査を契機に、石田忠、隅谷三喜男、中鉢正美などの社会学者らが被爆者の調査に携わるようになり、相前後して、慶応義塾の調査班の米山桂三、河合隆男、原田勝弘らが、「被爆地広島の社会変動」をテーマに、広島の特定地区を対象とした被爆者調査を実施した。[★76]こののち、長崎において、一九七〇年代から石田忠を中心とする一橋大学のグループが、原爆被害を戦後も包摂するものと捉え、被爆者の苦しみに焦点をあてて継続的な聞き取り調査を行ない、この成果が『反原爆』[★77]、『続・反原爆』[★78]として刊行されている。前述の77シンポの際の被爆者の「一般調査」では、約四〇〇〇人のボランティアによって約七七〇〇人の調査票が集められ、「生活史調査」では、九八名の調査員の手により百の事例が集められたが、このとき活躍したのは、石田ら社会学者だった。被爆から四〇年後の一九八五（昭和六〇）年には、日本被団協により大規模な「原爆被害者調査」が行なわれた。これにより集まった一万三〇〇〇人分を超える調査票を一橋大学社会調査室が分析し、濱谷正晴が『原爆体験』[★79]などの著作を出版した。また、下田平裕身は、三菱製鋼株式会社長崎製鋼所という企業集団を対象に、原爆という出来事がいかに「清算」されたかという視点から、残存資料の検討を行なっている。[★80]最近では、被爆者調査史研究会によりインタビューや資料発掘も合わせ、これらの過去の被爆者調査を読み直した『被爆者調査を読む』が出版された。[★81]

社会医学では、一九六〇年代以降、志水清を中心とする広島大学原爆放射能医学研究所のメンバーが、被爆の影響について、被爆者の健康状態、生活状況、経済状況などを踏まえた一連の統計的な検討を行なっており、[★82]心理学からの著名な業績には、原爆被害の心理的影響を考察したロバート・J・リフトンの『ヒロシマを生き抜く』[★83]がある。また、哲学では、一橋大学グループの行なった被爆者の生活史調査にも参加していた高橋眞司が、永井隆の浦上燔祭説や平和教育などの長崎の原爆被害に関する問題について、主要な論点を提起した。[★84]

このように、先行研究が蓄積されるなかで、近年、戦争の記憶に対する関心の高まりを受けて、原爆被害も戦争の記憶に関するテーマとして着目され、広島・長崎の原爆の記憶と表象に関しても、それぞれの都市において社会学、人類学、宗教学などの多様な分野での成果が生まれつつある。まだ記憶や表象という言葉は使用されず、「被爆体験に関するシンボル」という表現が使用されているが、一九七〇年代後半の広島修道大学の江嶋修作、春日耕夫、青木秀男ら社会学研究者による「広島市における『被爆体験』の社会統合機能をめぐる一研究」は、先駆的に原爆被害の表象を扱った研究と言える。[★85] 被爆から五〇年を迎えた一九九五（平成七）年には、アメリカの国立スミソニアン航空宇宙博物館で開催された原爆展をめぐって日米で論争が起こり、原爆投下という出来事の記憶をめぐる問題がクローズアップされた。[★86] 広島では、米山リサが、『広島——記憶のポリティクス』[★87]を発表し、記憶の政治性に着目したまとまった成果を発表した。原爆の絵の作者の聞き取りを行なった直野章子は、PTSD概念やトラウマ研究を参照しつつ、被爆体験を表象することの困難を指摘したうえで、語りにならない呟きや叫び、言い淀み、そして沈黙をも生存者が発する言葉として聴き取ることの重要性を提起したほか、原爆被害を序列化する同心円イメージなどの要素にも言及しつつ、被爆者運動の歴史を繙いている。[★88] 西村明は、原爆死者の慰霊や追悼などの宗教文化的な側面に着目し、長崎医科大学生の慰霊を通して靖国合祀を考察したほか、両市の国立原爆死没者追悼平和祈念館をめぐる問題を取り上げている。[★89] また、小沢節子は、記憶の表象のひとつとして絵画を取り上げ、丸木位里・俊の連作「原爆の図」が、戦争の記憶を描いた作品として再発見される過程を描いた。[★90] 文学からは、川口隆行が、「原爆文学という問題領域」として、原爆被害を題材としたまんがを含む文学作品を、ポストコロニアリズムの視点を取り入れて分析している。[★91] さらに、奥田博子の『原爆の記憶——ヒロシマ／ナガサキの思想』[★92]や福間良明の『焦土の記憶——沖縄・広島・長崎に映る戦後』[★93]のように、タイトルに「記憶」を冠して、両市を視野に入れたアプローチも出てきているほか、長崎平和公園や平和祈念像の成立過程を手がかりに、慰霊と平和祈念の主体の分裂を指摘する末廣眞由美[★94]の論考や、高山真や冨永佐登美のように、いわゆる「語り部」や「平和案内人」に焦点をあて、原爆の記憶を継承するとはいかなる営みなのかを探究する試み[★95]も生まれている。

これまでの長崎における原爆被害に関する人文・社会学系の先行研究を見ると、社会調査では一橋大学のグループが存在感を示し、鎌田定夫らによる「長崎の証言の会」や長崎総合科学大学に設置された「長崎平和文化研究所」が一定の成果をあげているものの、全体として広島に比べ層が薄く、とくに歴史学においては目立った成果が見られない。この理由には、資料調査および市史編纂における広島県市と長崎県市の行政の取り組みの差と、地域の学知の拠点となる可能性をもった長崎大学に人文・社会学系の学科がなく、原爆被害研究の拠点たり得なかったことが一因として考えられる。また、海外の研究者の成果についても、広島を対象としたものはあるが、長崎を対象とした目立った成果は見られない。長崎の原爆被害が「ヒロシマ」に包摂され、最初の被爆地への注目の陰に隠れた結果と言えるかもしれない。一九九〇年代以降のまとまった研究としては、宗教学から長崎の原爆被害にアプローチした西村明の著作があるが、原爆被害の記憶と表象に関する研究では、若手研究者のあいだでいくぶん活発な動きが見られるものの、資料に軸足を置く論文は少ない。また、個人や長崎市政、地方紙を対象とした研究は見られるが、そのあいだにあって実際に社会を構成している学校や企業、宗教団体あるいは町内会などの個々の集団に着目した実証的な研究には乏しい。下田平裕身は、原爆は私的主体をとりまく社会的関連において語られることがあまりにも少なかったとし、次のように述べる。

> 私的主体の世界がただちに抽象的、普遍的な「人間社会」に重ね合わせられていくとき、やはりそこで捨象されているのは、「原爆」をめぐって、当の個人を規定していたいわば「生身の社会」、

歴史的、具体的な社会的諸関係である。だが、まさしくこのような社会的諸関係の展開のうちに、現在まで噴出し続けている「原爆問題」が存在しているのではなかったか。[★96]

このような問題意識をもって、一九七〇年代後半に下田平は、三菱長崎製作所という企業集団の原爆死没者調査を対象に分析を行なったが、これは集団に着目した実証的な研究としてはほぼ唯一のものであり、以降もさほど先行研究に進展は見られない。記憶が社会的なものであるとするならば、社会の構成単位である個々の集団のなかで、原爆被害がどのように表象されてきたかを見なければ、長崎における原爆被害の表象を把握することはできないと考える。個々の集団の原爆被害の語りに着目し、繙いていく研究が求められる。

浦上の原爆の語り

「原爆は浦上のキリシタンの上で炸裂した」[★97]と言われる。長崎のカトリック教会は「日本のローマ」とも呼ばれ、迫害のなかで信仰を守り続けてきた歴史をもつとともに、かずかずの聖職者、修道者を輩出し、一九八三（昭和五八）年まで日本のカトリック教区のなかで最大の信者を擁していた。その中心的な地域が、「浦上」である。比較的軽微な被害であった市街地に比べ、原爆投下中心地となった浦上川流域の被害は大きく、浦上小教区の信徒一万二〇〇〇人のうち実に八五〇〇人が死亡したとされる。[★98]現在も、長崎の原爆被害を描く際には、しばしば被爆した旧浦上天主堂の写真が使われ、原爆投下記念日の報道では、必ずと言っていいほどヴェールを被ったカトリック信者が浦上天主堂で祈りを捧げる映像が流される。「怒りの広島、祈りの長崎」[★99]という言葉があるが、長崎の原爆被害は、しばしば「祈り」というキリスト教的なイメージと結びつけて語られ、そのなかで浦上は、カトリック信仰と原爆被害を象徴する場所と捉えられてきた。

しかしながら、原爆により甚大な被害を受けた浦上のカトリック集団に着目した研究は少ない。長崎においてカトリック信仰と原爆被害を象徴する場所であるにも関わらず、浦上におけるカトリック集団の史料を掘り起こした研究はなく、戦後七〇年間にもたらされた変化についても詳細な検討は行なわれてこなかった。

長崎では、カトリック信仰に影響された特徴的な原爆の語り[★100]が生まれている。「燔祭の犠牲として立派なお手本を残して行った」[★101]というように、原爆による死を信仰のなかで意味づけて語るのである。なぜ、このような語り方が生まれたのか。そこには、原爆に関する言説に大きな影響力をもったカトリック教徒、永井隆と浦上のカトリック集団の独特な原爆観があるとされてきた。

本書を進めるうえでキーパーソンとなる永井隆は、一九五一（昭和二六）年に病没するまでのあいだに旺盛な執筆活動を行ない、『長崎の鐘』をはじめとする多数の著作を世に出したが、彼の著作に見られる原爆被害に対する独特な思想（燔祭説：原爆死を神への犠牲と捉える考え方）[★102]の功罪については、擁護の声がある一方で、批判も重ねられている。燔祭説は、被爆地浦上のカトリック信仰に支えられた独特な思想として、ときに永井のみならず浦上、ひいては長崎における原爆被害の表象全般に関わる問題と捉えられ、占領軍との親和性、原爆投下責任の隠蔽、原爆被害に関する記録・文学の貧困や平和運動の停滞などの点から繰り返し批判を受けてきた。これらの批判は、永井の燔祭説に隠された問題に対して目を向ける重要な契機となったが、そこでは、永井の思想が浦上あるいは長崎に与えた影響力はつねに前提とされ、その受容が測られることはなかったと言える。また、燔祭説をめぐる語りがなぜ成立し、浦上のカトリック教徒にどのような意味を与えたのかということについて、丁寧に検討されているとは言い難い。

以上を背景に本書は、原爆被害の記憶と表象について考察する一研究として、長崎における原爆被害を象徴する存在である浦上のカトリック教界の原爆の語りを対象に、語りの意味とその変容を提示したい。この際、被爆地浦上のカトリック信仰に支えられた独特な原爆の語りとして、長崎における原爆被害の表象全般に影響を与えたと考えられてきた永井隆の燔祭説の受容に着目するとともに、いかにその語りが成立したのかという視点で原爆被害という歴史的な出来事の語りの考察を試みる。歴史は語られるものであるということを前提としながら、「被爆したカトリック教徒の苦痛を掬い上げる」という立ち位置から、できるかぎり当時の視点を再構成することを目標としている。この際、小田中の言う「コミュニケーショナルに正しい認識」に近づくために、史料批判および「実証性」という歴史学の学問的手続きに沿うものとする。

第一章に続く本書の構成は、次のようになっている。

第二章「浦上と永井隆」では、まず、「浦上」とはどういう場所なのか、「永井隆」とはどのような人物なのかということを、本論に入る前段として説明したい。そのうえで、永井隆の燔祭説をめぐる論争とその問題点を検討する。

第三章「焦点化する永井隆」では、占領期における原爆の語りを永井隆およびカトリック教界の動向に着目しつつ、主に「長崎新聞」「長崎日日新聞」から概観する。これにより、永井隆の思想が原爆に関わる言説にもっとも影響を与えたと予想される占領期において、長崎の言説空間におけるカトリック教界および永井隆の位置を明らかにできれば、と考えている。

第四章「永井隆からローマ教皇へ――純心女子学園をめぐる原爆の語り」では、長崎市の高等女学校のなかで最大の原爆死者を出し、永井隆の燔祭説をめぐる原爆の語りを中心的に生み出してきたカトリック系ミッションスクール、純心女子学園（旧：長崎純心高等女学校）を対象に、主に学校史、被爆体験記集、学校新聞などの学校の刊行物から戦後七〇年間にわたる原爆の語りを分析し、原爆の語りの変化と燔祭説の受容を提示したい。

第五章「浦上の原爆の語り」では、浦上のカトリック教界を対象に、主に浦上教会の機関誌「あれの」、長崎教区機関紙等を用いて、永井隆の活躍した占領期およびローマ教皇ヨハネ・パウロ二世来日以後の一九八〇年代を中心に分析し、原爆の語りのもたらした意味とその変化の提示を試みる。

浦上を対象とする理由には、まず、長崎市において原爆により甚大な被害を受けた中心的な地域でありながら、資料発掘を伴なった実証的な研究が行なわれていないということ、次に、長崎において原爆被害を象徴する場所であり、かつ特徴的な原爆の語りを生み出してきたということがあげられる。「浦上の原爆の語り」という事例を通して、歴史的な出来事が語りとして生成される場において、いかなる政治的および社会的な力学によって支配的な語りが形成され、変容するのかを、具体的な諸集団に着目しながら繙いてみたい。集団のなかで語りは、どのようにせめぎあい、いかなる理由で変容していくのか。また、個人および集団にどのような意味と力を与えてきたのか。地域に根差した特定の集団に着目することで、個人あるいは国家に目を向けるだけでは浮かび上がることのない、歴史的な出来事をめぐる語りが与える意味と力の新たな側面を探求する。

前述した鹿島は、隠蔽・排除されたものの痕跡を「新たな歴史の語りを促す潜勢力」と捉えているが、語られないまま失われたものは多く、他の歴史的な出来事同様、原爆被害についてもそのすべてを示すことはできない。そのなかにあって、本研究は、歴史に携わる者の一人として、これまで積極的に資料発掘が行なわれてこなかった浦上の原爆の語りを、残された手がかりから浮き上がらせようと試みるものである。いかにそのような語りが成立し、集団を形作るうえでどのような役割を果たしたのかということを考えるなかで、浦上、ひいては長崎における原爆の語りの枠組みを再考するとともに、語りが生起する現場からの実証的な側面の検討と問題提起を行なうことで、歴史的出来事をめぐる語りの多面的な様相の解明に寄与することができれば、と考えている。

第二章　浦上と永井隆

浦上は、迫害を受けつつも代々信仰を守り続けたキリシタンの子孫の住む土地として、「日本のローマ」とも呼ばれた長崎のカトリック教会のなかにおいても、中心的な場所だった。また、原爆投下以降も、異なる信仰と歴史的な背景をもつ土地として、長崎の旧市街の人びとから差別を受ける存在としても語られてきた。本章では、浦上の原爆の語りを考察するための導入として、浦上の歴史的な背景と原爆被害を概観する。また、「原爆の聖者」として、浦上のカトリック集団の代弁者と捉えられてきた永井隆の燔祭説がいかなるものだったのかを示したうえで、燔祭説をめぐる論争の経緯を概観し、その問題点を検討する。

一　「浦上」

浦上の歴史と原爆被害

長崎のカトリック教会は、迫害のなかで信仰を守り続けてきた歴史をもつとともに、かずかずの聖職者や修道者を輩出し、一九八三（昭和五八）年に至るまで最大の信者を擁する日本[★1]のカトリック教会の中心的な存在だった。その要にあるのが、浦上である。

「原爆は浦上のキリシタンの上で炸裂した」と言われる。一九四五（昭和二〇）年八月九日、原子爆弾の投下により浦上天主堂は全壊全焼し、天主堂にいた二人の神父と、数十人の信者たちが死亡した。[★2]長崎市の原爆死者数が六〜七万人[★3]とされるなかで、カトリック浦上小教区の信者一二〇〇〇人のうち、実に八五〇〇人[★4]が死亡している。

被爆当時、長崎市の商業の中心地は中島川流域にあり、県庁や市役所などの官庁もこの地域に集中していた。浦上川流域は並行して南北に走る二つの丘陵に挟まれ、工場が立ち並び、多くの家々がある新興住宅地でもあった。原爆投下から一ヵ月後の米軍による長崎市の空撮（写真1）を見ると、写真中央を太く流れる浦上川流域では、一帯が消失し、建物の姿を見ることができないが、右下から長崎湾に注ぐ中島川流域には、山陰に守られ、比較的多くの家々が残っていることがわかる。地形の影響で比較的軽微な被害だった市街地に比べ、原爆落下の中心地となった浦上川流域の被害は甚大だった。以下では、主に『神の家族４００年』『長崎市制六十五年史』『長崎原爆戦災誌』から浦上の歴史を概観する。

浦上という地名は、古くから見られる。長崎の街にキリスト教が伝えられた一五六七（永禄一〇）年ごろから浦上にも布教が行なわれ、一五八四（天正一二）年には領主の有馬晴信がイエズス会に寄進したことで、名実共にキリシタンの村となった。しかし、一五八七（天正一五）年の豊臣秀吉の伴天連追放令によってイエズス会から没収され、長崎の町とともに秀吉の直轄地となる。江戸時代もこの地域は引き続き公領とされ、浦上山里村と呼ばれた（資料1）。一六一四（慶長一九）年の禁教令発布

写真１　1945（昭和 20）年９月７日長崎市空撮
〔米国立公文書館所蔵空中写真（一財）日本地図センター提供〕

以後、キリシタンは邪教とされ、約二五〇年にわたる禁教による迫害と弾圧の時代を迎える。長崎をはじめとして「踏絵」などの制度が全国的に行なわれるようになったが、浦上山里村のキリシタンたちは、ほとんど全村民が表面上は仏教徒を装いながら地下組織をつくり、神父のいないなかで結束して信仰を保った。この間、複数のキリシタンの摘発および弾圧事件が起こり、これらは一七九〇（寛政二）年の「浦上一番崩れ」、一八三九（天保一〇）年の「浦上二番崩れ」、一八五六（安政三）年の「浦上三番崩れ」、一八六七（慶応三）年の「浦上四番崩れ」として子孫に語り継がれている。なかでも「浦上四番崩れ」は、総勢三三九四名の全村民が、全国二一藩に故郷から遠く移送され、飢餓や拷問によって六一三名の死者を出した大規模なものだった。このような歴史理解が、原爆被害を「浦上五番崩れ」として受け止める土壌を生んだ。

一八七三（明治六）年にキリシタン禁制の高札が撤去されて約二五〇年にわたるキリシタン禁制は効力を失い、一八八九（明治二二）年には大日本帝国憲法に信教の自由が規定される。故郷に戻った信徒たちは元の庄屋屋敷の跡地に仮聖堂を設け、一九一四（大正三）年、着工から約二〇年の歳月を経て、悲願であった浦上天主堂の本聖堂を完成させた。この約三〇年後、浦上天主堂に原子爆弾が投下されることになる。

一九二〇（大正九）年、浦上山里村は長崎市に編入され、従来の郷名は新たな町名に変更された。浦上山里村は、本原、中野、家野、里、馬込の五つの郷で構成されていたが、すべてがキリシタンの郷というわけではなく、もっとも南の馬込郷には、一七一三（享保三）年以来、長崎村との境に被差別部落が設けられ、キリシタンを監視する役割が与えられていた。★5 この地域は長崎市編入ののち、一九一三（大正二）年に「浦上町」となったが、戦後の区画整理によって再び町名が変更され、これに

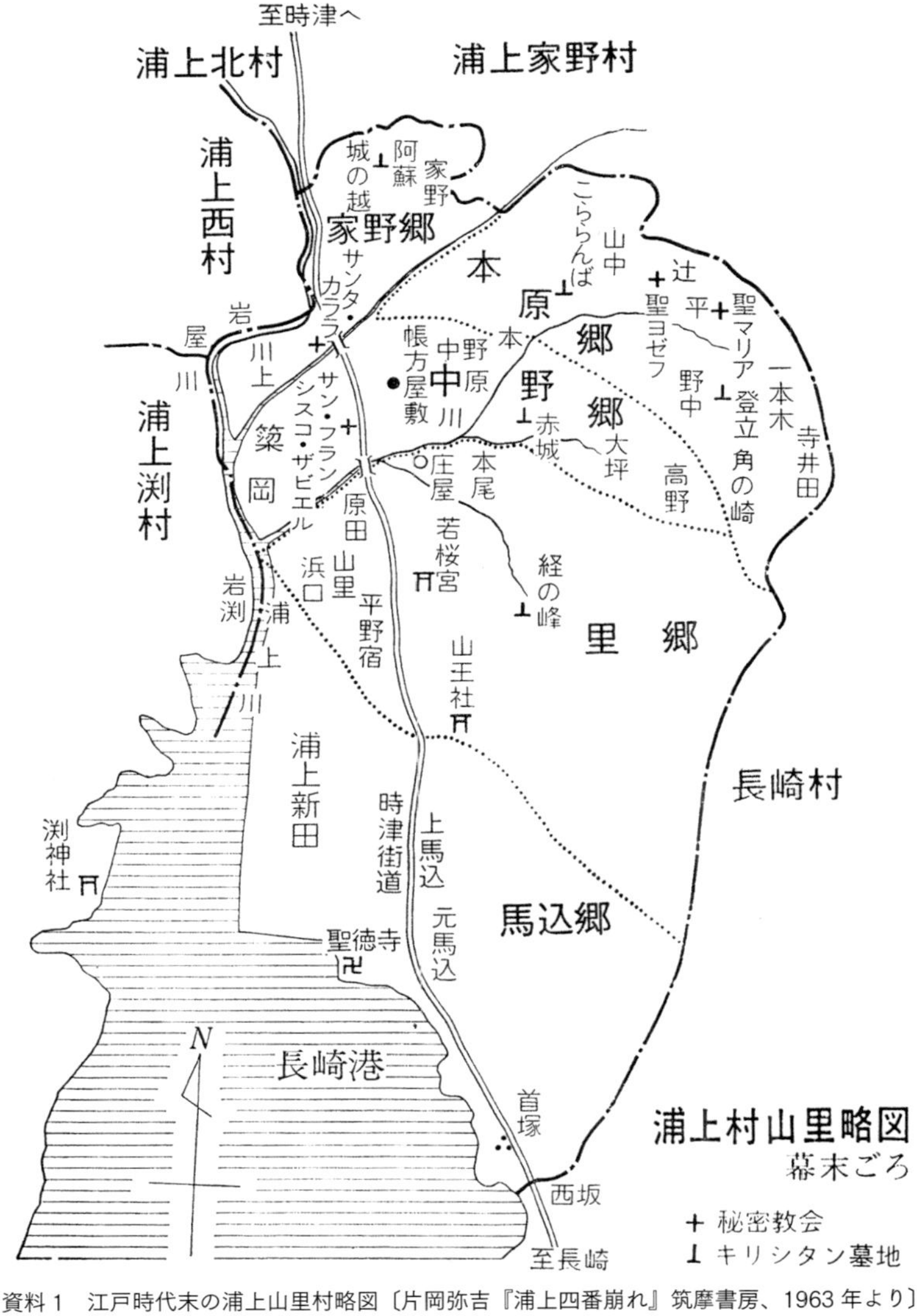

資料1　江戸時代末の浦上山里村略図〔片岡弥吉『浦上四番崩れ』筑摩書房、1963年より〕

より「浦上」を冠した地名は消滅した。長崎市民の多くは現在も、長崎港に注ぐ浦上川に沿った北部の地域を「浦上」と呼ぶが、二〇一五（平成二七）年現在、「浦上」という地名は特定の行政区画を指すものではなく通称である。★6

一九二六（大正一五）年に長崎市地方都市計画区域が告示され、旧市街を商業地区、浦上川沿岸一帯を工業地区および住宅地域として指定した。これに伴ない、三菱系の工場がぞくぞくと浦上川流域に進出し、原爆投下前には「浦上工場」と称されるほどだった。また、狭隘な市街から学校も次々と移転し、住宅や店舗等も増えてきた。カトリック教徒が住民の大半を占める静かな村であった旧浦上山里村（以下：浦上）は、一部に農村風景を残しながらも、工業地帯、そして新興住宅地へと変貌しつつあった。資料2は、被爆当時の原爆被災地復元区域図であるが、この地域に多くの学校、工場が点在していることがわかる。戦時下になると、工場群への大規模な動員によって労働人口が流入し、疎開に伴なう住民の入れ替わりも手伝って、人口の出入りは複雑になる。とはいえ、被爆から一ヵ月後の一九四五年九月四日に長崎市の視察に訪れた久松侍従に上呈された岡田長崎市長の言上書には、「此ノ地区ハ古来カトリック盛ナ所デアリマシテ住民ノ約半数ハカトリック教徒デアリマス」★7とあり、原爆投下時の浦上は、いまだ多くのカトリック教徒が住む地域だった。

浦上と差別

原爆投下により中心的な被害を受けた浦上は、当時の市街地（以下：旧市街地）とは異なる歴史的背景をもった土地と語られてきた。たとえばこの違いは、「長崎は、二つの顔をもつ。明るい『陽の顔』が長崎旧市街だとすれば、暗い『陰の顔』は、キリシタン弾圧から原爆まで長崎の悲劇の面をのみ背

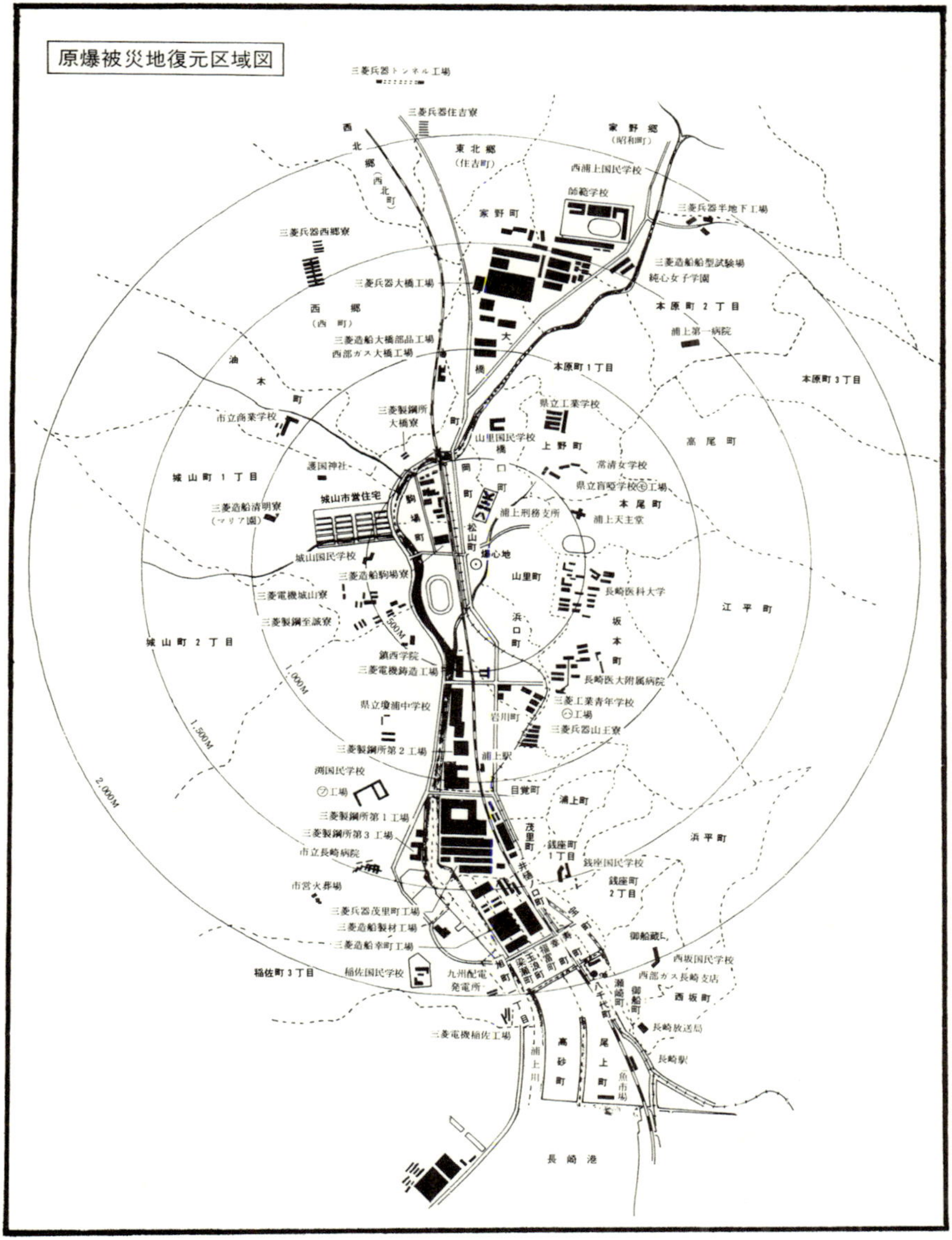

資料2　原爆被災地復元区地図
〔長崎市長崎国際文化会館『原爆被災復元調査事業報告書』一九八〇年より〕

負ってきた浦上である」[8]などと表現される。加えて、幕府以来のキリシタン弾圧の歴史は、浦上に対するある種の偏見を生み、明治初期に禁令が撤廃されたのちも、さまざまな社会的差別として根強く残ったという。具体的な差別を資料から見ることは難しいが、たとえば『ナガサキの被爆者』[9]では「友永成二さん」（仮名）が、長崎市編入前の明治時代に長崎の方へ野菜を持って行っていた際に「クロがきた！　クロがきた！　クロシュウだぞ！　ヤソクロ十文字だぞ！」と石を持って追い返されたときのことを振り返り、「わしら切支丹は特殊な人間のごつ、いうたら人間じゃなかごと思われよったものです」と語っている。[10]また、同書で、被爆者の「田中さん」は、浦上は貧乏な村で、百姓だけでは食えないので家ごとに豚や牛を飼ったが、そのことによって仏教のコッポ（凝り固まった人）から、「浦上は深堀[11]と豚の糞ばっかし！」などと言われ、三菱で働けるようになってからも、同僚の職工から「クロ」や「クロシュウ」と差別を受け、しばしば弁当を機械油で汚されたと語っている。[12]『長崎――爆心地復元の記録』には、「カトリックの子弟は師範学校へ入学させない。役所へ就職できない。また浦上山里小学校では、戦前カトリックの子弟が八割を占めていたが、教室でカトリック教義書を破り捨てる先生がいた」という片岡弥吉の言葉が記されるとともに、郷土史家の越中哲也が、大正初期に浦上が長崎市へ編入されて両者の関係が深くなると、かえって「キリシタン邪宗観」は浮き彫りにされ、浦上の人びとに対して「クロ宗」という蔑称さえ生まれたとし、「旧市街と浦上との間に公然の往来はなかった。まして縁組みなど思いもよらなかった。〝浦上もん〟という言葉が不快な気持をこめて用いられ、呪われた浦上というイメージがつくられた」[13]と言及している。

　ここで注意しておきたいのは、同じカトリック教徒であっても、差別の体験は年代や生活環境によってまちまちということである。[14]ただ、浦上のカトリック教徒に対して、それ以外の主に旧市街の居住者が、「クロシュウ」[15]という侮蔑的な意味合いを込めた言葉を使う場合があったことがわかる。原爆被害の中心地となったのは、このような歴史的背景をもつとされる「浦上」だった。

二　永井隆の燔祭説

浦上の原爆の語りを繙くにあたり、「原爆の聖者」と呼ばれた永井隆という人物を避けて通ることはできない。永井隆とは、どのような人物だったのか。そしてどのような考えを語ったのだろうか。以下では、主に『永井隆の生涯』[16]、『永井隆――長崎の原爆に直撃された放射線専門医師』[17]などを参考に、永井隆の足跡を追うとともに、燔祭説をめぐる論争を概観する。

永井隆の足跡

永井隆は一九〇八（明治四一）年に島根県松江市に生まれた。一九三二（昭和七）年に長崎医科大学を卒業し、放射線医学を専攻、同大学の物理的療法科に勤務する。一九三四（昭和九）年に洗礼を受けてカトリック教徒となり、浦上のキリシタンの家系であった森山家の一人娘、森山緑と結婚した。この間、中国に軍医として二度にわたり出征している。一九四〇（昭和一五）年に帰還したのち、長崎医科大学の助教授・物理的療法科部長に就任し、四年後に医学博士となった。一九四五（昭和二〇）年に原子爆弾が投下された際には、勤務先で被爆。妻の緑を失い、自身も右側頭動脈切断の重傷を負ったが、被爆直後から負傷者の救護に尽力している。永井はこのときの様子を『原子爆彈救護報告』[18]

にまとめ、同年一〇月、長崎医科大学に提出した。報告書を読んだ長崎新聞社から原子爆弾に関する書籍の執筆依頼があり、これをきっかけに永井は「爆心地に居合わせて生殘つた者は少い。そのなかで、体験記を書ける文化人はごく僅かである。しかも原子醫學をかねて研究していた者といえば、ほかにはない[★19]」と考え、執筆活動に取り組むようになった。

翌一九四六（昭和二一）年以降、被爆前から患っていた慢性骨髄性白血病のため病床につき、「如己堂」とみずから名づけた二畳一間の家に転居。療養しつつ、自身の被爆体験も含めた作品を書き綴っていった。『長崎の鐘』をはじめ、『ロザリオの鎖』[★20]、『この子を残して』[★21]『亡びぬものを』[★22]、『生命の河』[★23]、『花咲く丘』[★24]、『いとし子よ』[★25]、『如己堂随筆』[★26]、『乙女峠』[★27]などの数多くの著作を世に出し、このうち『この子を残して』が一九四八・九（昭和二三・四）年、『長崎の鐘』が一九四九年のベストセラーとなった[★28]。『長崎の鐘』は、その後同じタイトルで、劇団「ばら座」が公演を行ない、松竹映画が映画を制作、さらに同名の主題歌を藤山一郎が歌うなどして、全国的にその名を知られていく。

これらにより永井は「原爆の聖者」として世間から脚光を浴びることとなり、頻繁にマスメディアに取り上げられるようになった。一九四九年、昭和天皇が長崎を訪れた際には見舞いを受け、さらに初の長崎市名誉市民となる。翌年には、ローマ教皇ピオ十二世からロザリオを贈られ、社会教育上の功績が顕著であるとして内閣総理大臣の表彰を受けるなど、一躍時の人となった。一九五一（昭和二六）年に四三歳で逝去した折には、長崎市の公葬が行なわれ、約二万人が列席している。

現在、長崎原爆資料館には、「永井隆博士」[★29]の展示コーナーが設けられている。また、生前住んでいた如己堂には、長崎市永井隆記念館が併設され、長崎市の主要な観光地のひとつとなっているほか、出身地である島根県にも一九七〇年に雲南市永井隆記念館が建てられている。顕彰活動もさかんで、一九八六（昭和六一）年には、博士の「如己愛人」[30]の精神と「人類永遠の平和」への願いを希求し実現することを目的として、「長崎如己の会」が発足。現在もＮＰＯ法人として「三刀屋《みとや》如己の会」「韓国如己の会」とともに、活動を行なっている。

このように、永井隆は長崎において原爆被害と平和を象徴する人物と言うことができる。しかしながら、脚光を浴び、現在に至るまで顕彰される一方で、彼のカトリック信仰に基づく独特な原爆被害に対する思想とその影響は、繰り返し批判も受けてきた。

永井隆の燔祭説

原爆死を神への犠牲と捉える燔祭説が初めて永井隆によって提示されたのは、被爆から三ヵ月後の一九四五（昭和二〇）年一一月二三日に浦上天主堂の廃墟前で行なわれた、原爆死者の合同慰霊祭においてだった。慰霊祭には生き残ったカトリック教徒約六〇〇人が参列し、浦川和三郎司教の司式によるミサののち、信徒代表として永井が弔辞[31]を読んだ。

永井の原爆被害に対する独特な解釈は、『長崎の鐘』をはじめ、『ロザリオの鎖』、『この子を残して』などの著作に見ることができる。これらを見るに先立ち、まずは『長崎の鐘』の変則的な出版経緯に触れておきたい。『長崎の鐘』は、永井隆の著作のなかで、もっとも早い時期に記された被爆体験記[32]であり、占領下でもっとも早く書かれた被爆体験記のひとつであるとともに、広島の『原爆の子』[33]と並び、広く読まれたものだった。ただ、被爆翌年の八月にはすでに脱稿していたが、連合国軍最高司令官総司令部（以下：ＧＨＱ）による検閲に時間を要したために、出版されたのは、『ロザリオの鎖』などほか四作のあと、一九四九（昭和二四）年である。GHQは当初『長崎の鐘』の出版に対し、公共の安寧を乱し、合衆国に対する反感を煽る恐れがあると六ヵ月間の保留を命じたのち、『マニラの悲劇』を合わせて収録するという条件で出版許可を出した。これは、原爆投下というアメリカの軍事行為に対して、その原因となった日本の軍事行為を示す必要があるという判断に基づくものだった。[★34]この結果、一九四九年に出版された『長崎の鐘』には、連合軍総司令部諜報課が日本軍のフィリピンでの残虐行為をまとめた『マニラの悲劇』が、特別附録として掲載された。占領期における米軍の検閲下で『長崎の鐘』は、GHQの交換条件付きで日の目を見るという、検閲史上においても特殊な出版経緯を辿ることとなったのである。

『長崎の鐘』の「一一、壕舎の客」にある「原子爆彈合同葬弔辞」には、明瞭に永井の燔祭説を見ることができる。ここでは、妻と五人の子供を失ったカトリック信者「市太郎さん」[★35]が登場し、永井の作った弔辞の原稿を読む場面が描かれている。[★36]「原子爆彈は天罰。殺された者は惡者だつた。生き残つた者は神様からの特別のお惠みをいただいたんだと。それじや私の家内と子供は惡者でしたか！」と憤慨して告げる市太郎さんに対し、永井は、「原子爆彈が浦上におちたのは大きな御攝理である。神の惠みである。」と述べ、弔辞の原稿を読むように勧める。そこには、平和を迎えるためには、犠牲を捧げて神にお詫びをする必要があるとしたあと、次のように綴られていた。

信仰の自由なき日本に於て迫害の下四百年殉教の血にまみれつつ信仰を守り通し、戰爭中も永遠の平和に對する祈りを朝夕絶やさなかったわが浦上教会こそ、神の祭壇に献げらるべき唯一の潔き羔ではなかつたでしょうか。この羔の犠牲によつて、今後更に戰禍を蒙る筈であった幾千万の人々が救われたのであります。

戦亂の闇まさに終わり平和の光さし出づる八月九日、此の天主堂の大前に焔をあげたる嗚呼大いなる燔祭よ！　悲しみの極みのうちにも私らはそれをあな美し、あな潔し、あな尊しと仰ぎみたのでございます。[★37]

続く文章では、原爆死者を「誰を想い出しても善い人ばかり」と振り返り、「余りにも罪の汚れの多き者のみが、神の祭壇に供えられる資格なしとして選び遺された」として、死者ではなく、生き残った者を罪人と捉えている。弔辞の最後は、次のような言葉で締めくくられる。

主與え給い、主取り給う。主の御名は讃美せられよかし。浦上が選ばれて燔祭に供えられたる事を感謝致します。この貴い犠牲によりて世界に平和が再來し、日本に信仰の自由が許可されたことを感謝致します。[★38]

これを読んだ市太郎さんは、家内と子供は地獄へは行かなかったに違いないと呟き、「わしは罪人だから苦しんで賠償させて貰うのが何より樂しみです」と明るい顔をして帰っていく。

ここで永井は、原爆死に対して「燔祭」という言葉を使用し、浦上の原爆死は燔祭であり、この犠牲によって平和がもたらされたと意味づけている。さらに、原子爆弾は天罰であり、悪者が死に、神から恵みを受けた者が生き残ったという考え方から、死者は潔く善い人であったからこそ犠牲として神が受け入れたという捉え方への発想の転換を図っている。このロジックによれば逆に、生き残った者こそが罪人となる。それは、生き残った者の原爆被害とその後の生に、「試練」というカトリック信仰に基づいた意味を与えるものでもあった。このほか、旧約聖書「ヨブ記」の「主與え給い、主取り給う」[39]という聖句を用い、あるいはすべてを「神の摂理」[40]と捉えることで、理不尽な暴力である原爆被害をカトリック信仰のなかに普遍化あるいは昇華しようとする語りも見ることができる。

一九四八（昭和二三）年六月に出版された『ロザリオの鎖』[41]のなかには、「一つの試練」として、被爆翌年の「浦上合同慰霊祭弔辞」[42]が収録された。このなかにも「汚れなき子羊として選ばれし多くの靈魂」という言葉が使われている。

> 数々の殉教、不断の迫害、原子爆彈。これらは皆やがて教を異にする者にさえ、天主の光榮を世に示すための試煉であつたことを悟らしむるものでありその貴き天主の光榮を實現する神聖なる土地として選び給うのが、いつも浦上であることを知らしめ給うのであります。[43]

ここでは、前述の燔祭のロジックから生まれる「試練」という解釈に焦点を当て、さらに、原爆被害を浦上のキリシタンが経験した殉教、迫害に続く一連のものとして捉えるなかで、「神聖なる土地」としての浦上を強調している。原爆被害は、浦上の聖性を補強するものとして語られるのである。

一方、同年九月に出版された『この子を残して』[44]の「攝理」では、「主與えたまい、主取りたもう。主の御名はつねに讃美せられよ！」という書き出しで、身の周りに起こるすべてのことは、神の愛の現われであるとしたうえで、長崎市のカトリック系ミッションスクールのなかでも最大の犠牲者を出した長崎純心高等女学校と常清高等実践女学校の被害に言及し、そのなかで、生徒と修道女の最期を次のように描いている。

純心の生徒たちは、工場に動員されていたが、燃ゆる火の中で讃美歌をうたいつつ、次々息絶え、灰になつていつた。それはまつたく古《いにしえ》の神の祭壇にけがれなき子羊をささげ燃やして神の御意《みこころ》を安らげた燔祭《はんさい》さながらであった。ああ、第二次世界大戰争の最期の日、長崎浦上の聖地に燃やされた大いなる燔祭よ！

燔祭《はんさい》の炎《ほのお》のなかにうたいつつ／白百合少女《おとめ》燃えにけるかも

常清女學校の方も同じ最期だつた。（中略）女學校から東の方二百米の川端に眞夜中幾人かの合唱するラテン語の讃美歌が續いたり絶えたり聞えていたそうである。夜が明けてみたら修道女がひとかたまりになつて、冷たくなつていた。……ゆうべの讃美歌はこの修道女たちが歌つていたのであろうか？　それとも靈魂を迎えに降りてきた天使の群が歌つていたのではなかつたろうか？　……そう疑わずにはおられない、きよらかな死顔が並んでいた。

それを見た生残りの私たちは、原子爆彈は決して天罰ではなく、何か深いもくろみを有つ御攝理のあらわれに違いないと思った。★45

このように永井は、純心の生徒の原爆死を「燔祭」になぞらえ、前述の『長崎の鐘』で示した燔祭説を展開している。また、続く常清女学校の修道女の最期の場面では、原爆の被害を神の摂理の現われと捉えている。この部分は、讃美歌を歌いつつ亡くなった女学校の生徒と修道女の姿に焦点をあて、さらに天使や白百合に例えることで、とくにその死の純真無垢な清らかさを印象づけるものとなっている。

以上のように、永井隆の著作には、燔祭説を中心に、原爆被害を「神の摂理」とするものや、旧約聖書の「ヨブ記」を援用するもの、浦上のキリシタンが経験した殉教、迫害に続く一連のものとして捉えるものなど、カトリック信仰に基づいた複数の原爆の語りが、混在して提示されている。このうち、原爆被害を「神の摂理」とする語りや、旧約聖書「ヨブ記」を援用する語りは、理不尽な暴力をカトリック信仰のなかに普遍化あるいは昇華しようとするものであり、長崎という土地に限らず、また原爆被害でなくとも、広くキリスト教徒の病気や自然災害などをめぐる語りに見られるものである。一方、燔祭説および原爆被害を浦上のキリシタンが経験した殉教・迫害に続く一連のものと捉える語りは、いずれも聖なる「浦上」を強調するなかで原爆被害を意味づけるものであり、別けても燔祭説は、永井が作った複雑なロジックを有した特徴的なものだった。

三　永井隆の燔祭説をめぐる論争

一九五〇年代から七〇年代

永井隆の燔祭説をめぐる批判は、占領期を過ぎた一九五〇年代半ばから、主に原爆被害に関する記録・文学の貧困への言及のなかで見られるようになる。一九五五（昭和三〇）年、柏崎三郎は文芸同人雑誌『地人』に掲載された「茶番劇の系譜」[★46]のなかで、広島の原民喜、峠三吉、大田洋子らと比べた長崎の永井隆に対する批判を展開し、このときすでに、『長崎の鐘』が『マニラの悲劇』と抱きあわせて出版されたことを指摘して、永井の原子爆弾に対する認識は、投下者に対する恭順と弁明であり、原子爆弾投下の真実の意味を蔽うと批判している。以後、永井の原爆被害に対する思想とその影響は、主に占領軍との親和性、原子爆弾投下責任の隠蔽、原爆被害に関する記録・文学の貧困や平和運動の停滞などの点から繰り返し批判を受けることになった。一九五九（昭和三四）年発行の『長崎市制六十五年史』[★47]には、『長崎の鐘』に関して、占領軍と親和的であり、過去の悲惨に対し情緒的に運命を美化しようとする大衆の馴化に大きな役割を果したという記述がある。また、一九六五（昭和四〇）年には、『朝日ジャーナル』に掲載された「戦後のベストセラー物語」シリーズのなかで、図書新聞社長の田所太郎が、「平和につながらぬ原爆」と題し、『この子を残して』を取り上げた。[★48]このなかで田所は、やはり広島における原民喜や山代巴、峠三吉などの例を引きつつ、これに対しいままでの長崎となると「主与えたまい、主取りたもう。主の御名はつねに賛美せられよ」などといった天主の御旨に肩がわりされるということであったと、キリスト教に救いを見出す「長崎の原爆」は、現実の平和運動にはつながり得ないものだと批判する。

一九七〇年代に入り、舌鋒鋭く批判を展開したのが、県立長崎図書館職員であった詩人の山田かんである。山田は、雑誌『潮』に掲載された「偽善者・永井隆への告発」[★49]で、永井のもつ占領軍との親和性や反共的な側面にも言及しつつ、次のように糾弾した。

彼は「聖者」としてカトリック信仰を文面に散りばめることで、被爆の実態を歪曲し、あたかも、原爆は信仰教理を確かめるがために落とされたというような荒唐無稽な感想を書きちらした。しかもジャーナリズムはそれらを厚顔にもてはやすという、まさにアメリカ占領軍の意を体したかのごとき活動を行いつづけたのである。[50]

この山田の激しい批判に対して、カトリック教界から擁護の声が起こった。同年七月、「カトリックグラフ」[51]は、「永井隆偽善者論にやっぱり出た侃々諤々」と題した特集を組み、永井の言葉は、キリスト教の原罪意識や永井の反戦思想を前提として理解しなければならないと、永井の擁護者の声を借りて反論した。また、一九七五(昭和五〇)年には、雑誌「聖母の騎士」[52]で、修道士の小崎登明が、永井は限られた浦上人あるいは信徒の一人としてではなく、広く長崎市民として平和を叫び続けたと評価している。同年、「週刊長崎」(一九七五年六月三〇日)は、「これが神の恵みだと言うのか!」と永井の批判特集を組み、占領軍との親和性に加え、原爆を憎まねばならない市民意識の原点をすっかり甘美なムードにすり変えてしまったと非難した。このとき、多数の批判的な意見のなかで、唯一擁護意見として掲載された純心女子短大教授の片岡弥吉は、批判の的となった「原爆投下は神の恵み」という解釈について、カトリック教徒ではない部外者にはわかりにくいために永井に非難が集中したもので、永井個人を責めるのは酷だと述べている。

このようななか、数は少ないものの、学界からも永井隆への言及がみられるようになった。一九七六(昭和五一)年、長岡弘芳は論文「原爆被災文献目録と解題の試み」のなかで、永井を「〃原爆投下をも神の恩寵として受け容れよう〃と説き続けて、占領軍初期の政策に合致した人」[53]と記す。これを受けて近藤嘉昭は、永井が広島・長崎原爆を否認しなかった背景には、カトリック教会の影響と当時の原爆投下に対する軍事的・国際政治的背景の追及の不十分さがあると指摘した。さらに永井の平和への希求を評価したうえで、長岡の評価に疑問を呈し、説く論理と方法はキリスト教の原理に即し、教会や信徒たちに配慮したものだったが、平和運動の鎮撫や占領政策との一致をことさら意図的に目指したものではないと述べている。★54

このように、一九五〇年代から七〇年代にかけての燔祭説をめぐる論争は、占領期を過ぎた一九五〇年代半ばから、主に文学関係者による批判が散見されるようになり、一九七〇年代に入り山田かんの鋭い批判が提示されたことで、カトリック教界にも波紋が見られたものの、全体として学界からの議論は少なく、いまだ局所的と言える。

一九八〇年代以降

一九八〇年代半ばには、学界、カトリック教界から活発な発言が見られるようになる。一九八六(昭和六一)年、作家の井上ひさしは「文藝春秋」に掲載したシリーズ「ベストセラーの戦後史」のなかで『この子を残して』を取り上げ、カトリック系児童養護施設で育った自身の体験を元に、幼子たちへの父の愛は至高のものに届いていると評価しながら、原爆投下を神の恩寵とする見方を批判した。★55このなかで彼は『長崎の鐘』の占領軍との親和性や原爆投下責任の隠蔽、反共的側面に加え、過去を清算済みにするために日本人にとっても便利であったという点に批判的に言及している。同年、高橋眞司は、「長崎原爆の思想化をめぐって」という論考★56において、哲学的立場から批判を展開した。高橋は、長崎原爆を「摂理」、原爆死者を「燔祭」、生きのびた被爆者のなすべきことを「試練」とするとき、「浦上燔祭説」が成立するとして永井の思想を概念化したうえで、浦上燔祭説を浦上のカトリック信者と旧市街の人びととの「長崎の二重構造」のなかで形成された、原子爆弾は天罰という俗信・俗説に対する切り返しの論理だったと指摘した。そしてこれは戦争責任と原爆投下責任の二重の免責をもたらし、原爆投下の是認、ひいては原子爆弾そのものの肯定に道をひらくものであると痛烈に批判している。この論考は、翌年高橋が同志社大学で行なった講演「長崎の鐘再考」[★57]とともに『長崎にあって哲学する』[★58]に再録され、一九九四（平成六）年に出版された。

これに対し、カトリック系の長崎純心大学学長の片岡千鶴子[★59]は、『被爆地長崎の再建』[★60]のなかで、前述の田所太郎、井上ひさし、高橋眞司の言を取り上げ、永井の言葉の真意の究明をよそにこのような批判が繰り返されていると反論する。片岡は、当時浦上に風評として流れていた原爆死は天罰という考え方は、カトリックの「死生観」と「苦しみ」に対する教えに反するとともに、死者への冒瀆だったとし、永井が浦上のカトリック信徒たちの精神的再建に与えた影響を重視する視点から「原爆は神の摂理である。神の恵みである。」という言葉の意味も解明されなければならないとした。この片岡の見解を踏襲し、カトリック教徒でもある元長崎市長本島等は、同じく「原爆は神のみ摂理・神の恵み」という言葉について、絶望した浦上信者を激励するものとして評価している[★61]。また永井は、原爆を肯定するよう世間に呼びかけたのではなく、カトリック教徒としてヨブの心持ちを語ったのだという理解を表明した（「長崎新聞」二〇〇九年三月一三日）。

前述の一九九四年の高橋の出版以降、カトリック教界からの反論とあいまって、永井隆の燔祭説をめぐる議論は、新聞報道等でもたびたび取り上げられ、マスコミにも論争として認識されるようになった。これらのなかでは、山田かん、高橋眞司、片岡千鶴子、本島等らの主張がそれぞれの立場から紹介されている[★62]。また、高橋の批判を受けて、一九九〇年代後半から学界においても複数のアプローチが見られるようになった。長野秀樹は「原爆は『神の摂理』か[★63]」において、永井が戦後展開した原爆投下は「神の摂理」とする論理と、戦時中に戦争協力のために展開されたカトリックの論理との類似性を指摘し、背景にあるカトリック教界を含めた考察を行ない、永井の論理が浦上の被爆者を回復させるために果たした役割を評価しつつ、アメリカの原爆投下正当化とキリスト教援助という二つの意図を把握する必要があるとした。西村明は、「祈りの長崎[★64]」において、片岡の主張に対し、永井の再建に対する意識の射程は浦上のカトリック地区を越えるもので、これが観光都市化や国際文化都市政策といった全市的な復興政策と結びつくことにより、原爆をひとつの売り物としながら、原爆の残虐さは忘却されるという精神性が育まれていったとしている。こののち、新木武志は「長崎における原爆の表象と『浦上』の記憶」のなかで、占領軍への親和性についての高橋眞司の論を踏襲しつつ、長崎市は浦上信徒のために語られた原爆投下を「神の摂理」とする見解を利用し、旧市街を中心とした長崎市の再編や観光都市化を進め、そのなかで浦上の地域共同体は解体され、拡大する長崎の人口を収容する住宅地や観光地とされていったと長崎市政を批判している[★65]。このほか、高橋哲哉は、『国家と犠牲[★66]』において、「燔祭」という言葉は本質的に「犠牲」と同義という認識に立ったうえで、高橋眞司の論を敷衍し、「尊い犠牲」という普遍的な論理とレトリックによって死と残虐が「聖化」され、その責任が抹消されていくプロセスが作動したと指摘している。また、福間良明は、長崎の文学関係者にとって広島と長崎の被爆状況の差異を考慮の範疇から締め出すほどに永井作品の影響は大きく、永井作品は原爆文学の「後進性」ではなく、広島に対するコンプレックスを生み出したとしている[★67]。最近では西村明が、永井隆の作品を読み直すなかで、燔祭説には、カトリシズムの教説による意義づけのほかに、死者の霊魂をしずめることを通して生死の境界を峻別し、生き残った者たちを再建・復興へと導く意思が認められると論じている。[68]

一方で、カトリック教界からの発言もある。二〇〇八～九（平成二〇～二一）年にかけ、永井博士生誕一〇〇周年を記念して、永井についての誤解を解消し、正しい理解を深めることを目的とした「永井隆博士の思想を語る」講演会（全五回）が、長崎のカトリック信徒有志による「永井隆博士の思想を語る」講演実行委員会主催[69]で行なわれた。この一部が講演記録として出版され、このなかで長崎純心大学・大学院教授でもある司祭の山内清海は、片岡千鶴子同様、田所太郎、井上ひさし、高橋眞司らの批判に対し、カトリック信仰からの神の摂理論の理解に基づいて、永井の思想を擁護している。[70]

こういった流れに収まらないのが歴史学者の宇吹暁の指摘である。宇吹は、占領期の原爆体験と平和運動を取り上げるなかで永井隆ブームに言及し、永井の著作には、原爆被害の実態を伝えるという側面と彼自身の宗教観・生活観を語るという側面の二つがあり、永井ブームの中身は、前者というよりもむしろ後者で、永井への関心を高めることはあっても、そのことを通して長崎の原爆被害の実態を深く知らしめるものではなかったと述べている。また、占領期の広島と長崎の状況を比較して、広島では、原爆被害を前面に出すことで市民のコンセンサスが得られたのに対し、長崎では、原爆被害についての市民の意識は拡散しているとし、広島と長崎の違いの原因は、永井隆ブームをはじめとする宗教的なものによりも、広島の全市的壊滅と長崎の北半分の限定された被害という被害のあり方の違いに、まず求められるべきと指摘している。[71]

一九八〇年以降の永井隆の燔祭説をめぐる論争は、とくに学界において進展してきた。このなかで重要な画期となったのは、燔祭説を概念化して永井批判の学問的嚆矢となった高橋眞司の論考と、それに対する浦上のカトリック信徒たちの精神的再建を重視した片岡千鶴子の反論である。一九九四年の高橋の出版以降、カトリック教界からの反論とあいまって、これらの議論は、マスコミにも論争として認識されるようになった。これを受けて、一九九〇年代後半以降、文学、哲学、あるいは宗教学的立場からカトリック教界や長崎市政との関連を視野に入れたものや、普遍的な犠牲のレトリックとの関連を考察した論考が現われるなど、徐々に議論の幅は広がっている。学界における論調は、全体として永井に対する批判が主であったが、そのなかで、二〇一二（平成二四）年の西村明の論考は、燔祭説にはカトリシズムの教説による意義づけのみならず、生き残った者たちを再建・復興へと導く意志が認められると評価している点を特筆しておきたい。

燔祭説をめぐる論争の問題点

このように燔祭説は、占領軍との親和性、原爆投下責任の隠蔽、また、ときに長崎における原爆被害に関する記録・文学の貧困や平和運動の停滞につながるものとして繰り返し批判を受けてきた。これらは、占領軍との親和性、原爆投下責任の隠蔽という点では、永井の原爆の語りに隠された問題に対して目を向ける重要な契機になったと言える。しかしながら、永井の原爆の語りをもって、長崎全体における原爆に対する記録・文学の貧困、平和運動の停滞にただちに結びつけるには飛躍があるのではないだろうか。宇吹は、広島と長崎の違いの原因は永井隆ブームをはじめとする宗教的なものによりも、広島の全市的壊滅と長崎の北半分の限定された被害という被害のあり方の違いにまず求められるべきと述べているが、当然のように結びつけて批判されてきたそれらの原因が、はたして永井の原爆観によるものかどうかという検証は、十分になされていないと考える。以下では、これらの先行研究の問題点を指摘したい。

まず、永井の思想が与えた影響力の大きさがつねに前提とされているという点についてである。これまで永井は、つねに「浦上」あるいは「長崎」の原爆の語りを代表する存在と捉えられてきたが、その実、永井の思想の実際の受容状況が測られることはなかったと言える。例外として宇吹は、永井の著作には、原爆被害の実態を伝えるという側面と彼自身の宗教観・生活観を語るという側面の二つがあり、永井ブームの中身は前者というよりもむしろ後者だったと指摘しているが、これまでの議論のなかでは、永井ブームの質、たとえばカトリック信仰に基づいた燔祭説をはじめとする原爆の語りとより一般的な「長崎の原爆、平和に関する有名人」というレヴェルでの影響の違いが俎上に載ることはなかった。カトリック信仰に支えられた永井隆の原爆の語りが、長崎の言説空間にどれだけ受け入れられていたかを考えるうえで、これらの違いを考慮に入れることは重要と考える。また、永井が浦上のカトリック集団の代弁者とされる一方で、被爆地「浦上」のカトリック教徒を対象に燔祭説の受容が測られたことはなく、学問的にも永井一人に関心が集中するなかで、永井以外の浦上のカトリック教徒の原爆の語りに焦点が当たることはなかったと言える。

次に、時期的な変化についての詳細な検討が行なわれていないという点である。これは、最初の指摘とも関連するが、高橋眞司が、秋月辰一郎の活動と教皇ヨハネ・パウロ二世の平和アピールに触れ、長崎の原爆の語りの変化を示唆しているものの、それは示唆にとどまっており、戦後七〇年間の変化を取り上げた研究は見られない。

最後に、主に文学、哲学、宗教学的な立場から批判が展開されてきたために、実証性という点において検証の余地があるということである。これらの論考は、永井の燔祭説に対して隠された問題に目を向ける重要な契機となったが、歴史学、社会学的な立場からの資料発掘を含めた研究が必要と考える。

浦上の原爆の語りの成立を考察するにあたり、永井が浦上のカトリック信徒たちの精神的再建に与えた影響を重視する片岡千鶴子の視点、また浦上の生き残った者たちを再建、復興に導く意思を評価する西村明の視点は、重要な示唆を与えてくれる。原爆被害を語ることによって、被爆したカトリック教徒の苦悩は、どのように掬い上げられてきたのだろうか。以上を念頭に、次章ではまず、占領期の「長崎日日新聞」から、長崎の原爆に関する言説における永井隆の位置を検討することとする。

第三章　焦点化する永井隆

永井隆は、戦争の終結とともに旺盛な執筆活動を開始し、一九五一（昭和二六）年に病没するまでの約六年間に『長崎の鐘』をはじめとする著作を次々と世に出した。晩年を迎える永井が活発な文筆活動を行なったこの時期は、ちょうど日本がアメリカ軍の占領下に置かれた時期と重なっている。占領下という特殊な状況のなかで、永井は新聞に雑誌に本にとみずからの筆で精力的な発信を行ない、長崎の著名な文化人、宗教家として世に知られるようになるとともに、その一挙一動がマスコミに取り上げられるようになった。

永井隆がもっとも脚光を浴びた占領期において、長崎[★1]という言説空間における永井隆およびカトリック教界の位置づけは、どのようなものだったのだろうか。本章では、占領期の長崎における原爆の語りを、永井隆およびカトリック教界の動向に着目しつつ、主に長崎県の地方紙である「長崎新聞」「長崎日日新聞[★2]」を用いて概観することとしたい。対象時期は、一九四五（昭和二〇）年八月以降、長崎国際文化都市建設法の制定と朝鮮戦争の開始を経て、一九五一年五月の永井隆の死までとする。

一　占領期の長崎における原爆の語り

原爆投下後から占領軍による検閲開始までの変遷［「長崎新聞」一九四五（昭和二〇）年八月一〇日〜九月］

一九四五年八月九日、長崎市に原子爆弾が投下された。翌八月一〇日の「長崎新聞」[★3]は、「長崎市に新型爆弾　被害は僅少の見込み」と報道を行なっている。この時期「長崎新聞」は、頭巾を被り、手袋をはめ、熱波の直射を受けないところに伏せてさえいれば被害はないというような、原爆の威力について不正確で楽観的な情報を出しつつ（一九四五年八月一一日）、長崎市が被った被害は、ほとんど報じていない。鉄道や通信、市電などの復旧や救援活動の記事から、かろうじてその被害の大きさを垣間見ることができる程度である。一方で、大日本帝国政府がアメリカ政府に提出した原爆攻撃に対する抗議文を取り上げた際には、「殘虐・例を見ず　新型爆彈の害惡・毒ガスを凌駕」という見出しをつけ、その残虐性を強調している（一九四五年八月一二日）。

「原子爆彈」という言葉が初めて見出しに出るのは、八月一五日の「大国の横暴愈よ露骨化　原子爆彈を非難」という記事である。以下は「西日本新聞」[★4]によるが、「大東亞戰爭終結の聖斷降る」と、終戦の詔書が掲載され、戦争の終結が知らされた。このなかで天皇は、「敵ハ新ニ殘虐ナル爆彈ヲ使用シテ頻ニ無辜ヲ殺傷シ慘害ノ及フ所眞ニ測ルヘカラサルニ至ル」と、原爆被害に言及している。同紙面の天皇のラジオ放送に関する記事には、「原子爆弾の惨害御軫念」と副題があり、二面には、原子爆弾とは何かを説明する仁科博士の談話が掲載された。以後、原爆被害がしきりに取り上げられるようになっていく。当初は広島市の原爆被害報道が多かったが、九月に入り、「厄介な放射線火傷　頭髪が抜けたり齒莖から出血」（一九四五年九月二日）や「傷一つ負はず絶命　原子爆彈　毒ガスに數倍する殘虐性」（一九四五年九月三日）というような長崎市における原爆の放射線被害が紙面に出るようになる。このころの論調は「原子爆彈が如何に殘虐な兵器であり人類の敵であるか」（一九四五年九月三日）というもので、原爆の残虐さを強調し、放射線被害に関心を示している。そのなかで「死者は約二萬三、四千名」と大きく紙面を割き、長崎市の被害の全貌を伝える記事も見られるようになった（「西日本新聞」一九四五年九月六日）。死者がなお増え続け、被爆地は「七十五年生存不可能」という説も飛び交うなか、米軍を含む複数の調査団の長崎市への来訪が伝えられている。

被爆から一ヵ月後、初めて「被爆者續々と死亡　絶えぬ街の火葬　神の試煉に起つ聖教徒」と題して、廃墟と化した浦上天主堂の写真とともに、屍臭漂う一カ月後の被爆地のルポルタージュが掲載された。二人の読売特派員[★5]が、三人の聖職者へのインタビューを交え、続く放射線の被害を取り上げたものである。文中では、「この原子爆彈が戰爭の終つた現在、なほかういふ猛威を●（原文判読不可）つてゐる事實をアメリカは因より世界人類の前にはつきりさせたい」という一文に続き、「浦上の聖教信者の多數が、一万人といふ數を●めてこの人類未曾有の神の試煉に起たせられた意味は或は人智では計り難い神の意思によるものであるかも知れない」と述べられ、推定三万の原爆死者のうち一万余人が「わが國において最も熱烈な聖教徒（カソリック信者）であつたことを現地において発見し一驚を喫した」と記されている（一九四五年九月一五日）。このとき初めて、浦上の原爆被害が「長崎新聞」によって報道された。

このころ、「健康者が續々死ぬ　恐怖の第三群症狀　次は第四、五群の新犠牲」（一九四五年九月一六日）という記事が掲載され、さまざまな原爆被害調査団や専門家の放射線被害に関するコメントに並んで、「治療に肝臓製劑」（一九四五年九月一六日）「鰯の腸や柿の葉」（一九四五年九月一九日）などといった、治療方法についての記事が目立つようになった。「原子爆彈の猛害は健康さうに見える生き殘りの長崎市民の肉体をもやがて侵して第四群、第五群の病人が現出するだらうといふ九大医學部澤田内科教室の報告は長崎市民の間に大衝動を與へている」（一九四五年九月一九日）という一文に見られるように、被爆地の原爆による放射線被害とその治療法に対する関心には、切実なものがあったと思われる。以降、九月二五日までは、「新しい原子症状」が出たという記事が見られるが、二六日の「頭髪はやがて生える」という米調査団の発表以降、これらの原爆の人体に与える影響についての記事は「耕作には心配無用　病虫害を防いで好條件」（一九四五年九月二八日）などというような楽観的なものを除き、姿を消す。

　この理由としては、占領軍の原爆被害に関する情報統制があげられる。九月一二日にT・F・ファーレルが、東京で記者会見を行ない、アメリカの調査団による広島の原爆被害の調査結果を発表したが、その内容は、放射線による入市者の被害や将来の障害を否定するものだった。[★6] 九月一〇日、GHQは「言論及新聞ノ自由ニ関スル覚書」を出し、抽象的には言論・討論の自由を語りつつ、公式に発表されない部隊の動静や連合国の虚偽または破壊的な批判および風説などの報道を取り締まる方針を明らかにした。九月一四日に同盟通信社、九月一八日に朝日新聞社が相次いで業務停止処分を受けたが、この理由には、いずれも原爆の投下に批判的な記事の掲載が含まれていた。[★7]「長崎新聞」では、九月一〇日付の前記覚書に関する報道は見られないが、「右の指令に違反するものは如何なる機関といへども同様に業務を停止されるのである」という米軍宣伝対策局民間検閲主任のドナルド・フーヴァー大佐の声明とともに、同盟通信社への処分について、「公安を害するが如きニュースを頒布した廉によつて」という理由が掲載された（一九四五年九月一九日）。また、「西日本新聞」は、朝日新聞社への処分に関して、「公安を攪亂し聯合國に破壊的批判を加へ乃至虚偽の陳述を含む事項の發表を禁止した指令に違反してゐる」（一九四五年九月一九日）と伝えている。原爆被害に関する報道に、占領軍は大きな関心をもっていた。一九日には、一〇日付の覚書を具体化した「新聞規則」（プレス・コード）が出され、検閲体制が本格化していく。

一九四五年九月二三日、進駐軍は長崎市に上陸した。長崎市における情報統制について『長崎市制六十五年史』は、「とくに長崎では原爆災害の事実の報道も占領軍が極力おさえたために、被害実態調査は新聞社などでは積極的に行われず、したがって一般の原爆に対する認識を徹底させることさえできなかった」[★8]と述べている。「長崎新聞」で検閲がなされたか否か、なされたとすればその開始がいつだったのかということについては、いずれも定かではないが、九月二六日以降、明らかな原爆被害に関する記事の縮小が見てとれる。被爆地で医療活動を行なっていた秋月辰一郎は、のちにこの時期を振り返って、「原子爆弾被爆の本当の恐ろしさは、実は八月下旬から九月の終り、あるいは十月の初めにかけての約四、五十日間に、切々と体験されたのである」[★9]と記している。いまだ死者が出続けるなかで、長崎市民に必要な情報が報道されることはなくなっていった。

原爆投下以後、激動する社会情勢に伴ない、「長崎新聞」の原爆被害報道も変転した。終戦前には、大日本帝国の検閲により報道は抑えられ、八月一五日以降の約一ヵ月余りには多くの記事が見られるが、九月下旬には、再び占領軍の情報統制により抑制されることになる。このなかで、九月一五日に掲載された浦上のルポルタージュは、占領軍の情報統制がはじまる前に被災地の状況を伝えた貴重なものだった。

終戦前は、そもそも原爆被害そのものの報道が正確になされず、抑えられていたため、原爆被害が意味づけて語られることはなかった。一方、終戦後の約一ヵ月余りには、原爆の残酷さを強調する論調が見られる。宇吹は、この時期の原爆被害に関する報道を「原爆批判キャンペーン」と名づけ、ナショナルなレベルで広島、長崎の原爆被害を捉え、対外的に強調することで、日本の戦争責任を回避する論調と同時に、原爆被害の解明とその結果を世界に伝える重要性、意義を訴える萌芽が見られると指摘している。[★10]「長崎新聞」紙上でも、たとえば九月三日の記事の「原子爆彈が如何に殘虐な兵器であり人類の敵であるか」という一文に見られるように、残酷な被害を強調するという傾向は同様だった。ただ、この時期の原爆被害報道は、まだ被爆して間もなく、死者が出続けているなかでの報道であったために、混乱のなかでの被害状況の把握に重点がおかれており、原爆死に対し、のちに見られる平和のための犠牲であるなどという意味はいまだ付与されていない。唯一、浦上の原爆被害を取り上げた九月一五日のルポルタージュで、「この人類未曾有の神の試煉に起たせられた意味は或は人智では計り難い神の意志によるものであるかも知れない」という記述があるが、これは、県外から来た「讀賣報知」の特派員が書いたものである。このようななか、占領軍の検閲が始まり、再び原爆被害報道が消えることにより、永井隆が登場するまで、「長崎新聞」の紙面上で原爆被害が意味づけられることはなくなっていった。

永井隆の登場

［「長崎新聞」一九四五（昭和二〇）年一〇月～一二月／「長崎日日」一九四五年一二月～一九四八（昭和二三）年七月］

一〇月に入り、インタビューを含む詳細な原爆被害報道は見られなくなり、原爆被害の調査についての報道も、紙幅が小さく、目立たなくなった。「原子症狀を戸別に調査　醫大全員擧げて研究に沒頭」、「妊産婦への影響　これは聯合軍調査團で研究」（一九四五年一一月一日）あるいは「原子爆彈の體驗を聞く」（一九四五年一一月一四日）と長崎新聞社が協力して社告を出した例も見られるが、いずれも調査への協力を呼びかけたもので、その結果が読者にフィードバックされることはなかった。

浦上に関しては、「焼跡の廣場に〝ミサ〟　立ち去り兼ねるなつかしの聖地　壕生活の信徒一千」という比較的大きな記事が掲載され、一千の信徒が壕で生活を続けていることがわかるが、ここで焦点が当たっているのは、原爆被害ではなく、復興への願いである（一九四五年一〇月八日）。原爆の被害は、復興あるいは迫りくる冬をどう越すかという文脈のなかで触れられる程度で、たまに取り上げられたとしても、惨状を伝えるという観点ではなかった。その後も「浦上天主堂再建ものがたり」（一九四六年四月一三日）などの記事が見られるが、つねに復興の文脈においてである。すでに一九四五年一二月一五日の神道指令[★11]によって、国家権力からの神道の分離が打ち出され、カトリック教界を取り巻く環境は変化を見せていた。ミサには進駐軍の姿も見られ、「日本二十六聖人祭」や「聖体行列[★12]」などのカトリックの行事が、定期的に新聞で報道されるようになる。

このようななか、初めて「長崎新聞」に永井隆が登場した。「あと三年〝死〟の影を負ふ　永井醫大教授の姿／エックス線直光下の研究　白血球十万の體で敢闘／神のお召しまで　信仰に生きる教授」と複数の見出しがつけられ、生い立ちから原爆被災時の奮闘、本人のインタビューまでを交えた、詳細な記事である。このなかで永井は次のように述べている。

原子爆彈の被害は世紀の悲劇である、八千の信者がこのためになくなつた、しかしこの人達は幸福である、浄土の天主堂といふこの上ない土産物をもつて人類平和のため罪の償として選ばれて神の下に昇天したのである、私は罪深くこの選に入ることが出來なかつた、殘念であるが神の御召がある迄私は私のつとめを盡さなければならぬ（一九四六年二月一一日）

「燔祭」という言葉は使われないものの、ここには永井の燔祭説のエッセンスが提示されている。記事全体としては原爆被害に焦点をあてたものではないが、原爆被害の報道がまったく見られないなか、被害に言及し、原爆死の意味を語った稀有な例と言える。当時、裏表二面しかない紙面のなかで、一人の人物にこれだけ紙幅が割かれることも珍しかった。

一九四六年七月に入り、アメリカによるビキニ環礁での原爆実験の報道が目立つようになる。これに伴ない、「凄惨宛然生地獄を想起す」と、長崎医大学長古屋野博士の原爆体験記が掲載された。このなかで古屋野は、「數万の人々は人類文化の貴い犠牲となつてこの世を去つて行つたのです、原子爆彈の平和化即ち原子力利用の一日も速かなることこそこれら數万の戰災者の靈を慰めることである」と述べている（一九四六年七月二日）。原爆死者の初の盂蘭盆を迎え、「長崎新聞」の社説は、原爆被害を次のように記した。

この爆彈がわが國の敗戰を決定的ならしめたことを思へば、これは破壞の一擊としてよりむしろ建設への原動力としての威力を發揮したものと云はれよう。

平和世界建設史の最初の頁に特記さるべき原子力の第二彈を受けた長崎は、その意味で、平和建設の聖地として永久に全世界から忘れられないであらう。

（一九四六年七月一三日）

七月一五日には、米国カトリック使節団のジョン・オハラ司教、レディー司教を迎えて浦上天主堂の礎石祝別式が行なわれたことが伝えられ、「血で聖別された教會が《ママ》あなた達が原子爆彈洗禮を受けて、今日のこの苦痛のなかにあることは皆さんのすべてを知りつくしてゐる善意に満ちた神様の思召です」というオハラ司教の談話が掲載されている。被爆から一周年を迎えた八月、「原子の街を行く」★13という被災地の近況を伝える記事のなかで、浦上天主堂の再建が伝えられ（一九四六年八月四日）、一〇月には、「原子の街に平和な家」と、浦上の爆心地に簡易住宅が立ち並んださまが報道されている（一九四六年一〇月一五日）。

原爆被害に関しては、ひさびさに「機能障碍の回復は不明　地中の下等動物に殆ど影響なし」と題して、原爆の人的被害が詳細に伝えられたほか（一九四六年八月七日）、「原子爆彈に最愛の妻を●●子を喪つた悲劇の人」古野丈夫氏の記事が、「聖鍬に蘇る焦土」（一九四六年八月二八日）、「珍しい双子茄子　浦上爆心地に奇型作物續出」（一九四六年一〇月二八日）などと紹介されている。また、「放射線の影響！　人體には大した事はない　米國原子爆彈調査團來崎」とアメリカの専門家のコメントを掲載した記事が出、七〇年間人畜生存不可能であるという説を否定している（一九四六年一二月一五日）。一九四七年四月には、参議院選挙、首長選挙に次いで衆議院選挙が行なわれ、五月には日本国憲法が施行されるなど、社会情勢が目まぐるしく変化するなかで、原爆の与える影響についてもときおり報道が見られるが、その見出しは、「現在放射能は半減期　原爆地調査の篠原九大教授語る」（一九四七年三月二日）、「異常兒出生説は誤報　米の原子症調査團・長崎で語る」（一九四七年五月七日）、「今年も出來た〝双子ネギ〟原子爆彈は作物の育成を促進する」（一九四七年五月一三日）「被爆者はホトンど回復　米原爆調査團ワーレン大佐談」（一九四七年五月二八日）と楽観的なものが多く、作為が感じられる。

このようななか、永井の医学博士あるいは知識人としての活動が、ときおり紙面で取り上げられている。「原子病研究に示唆」という第一二回長崎医学界総会の記事では、永井博士の原子病概論で、各種放射線の細胞核破壊が厳密に検討されたと書かれ（一九四六年一一月二〇日）、一二月九日の「こども欄」には、本人が「科學の歴史」という文章を寄稿している。

キリスト教およびカトリックの動向であるが、マッカーサー元帥がバプテスト教会会議長ルイス・デー・ニュートン博士に書簡を送り、「日本の占領政策はキリスト教の教義にもとづいており、キリスト教は現在日本ではかつてないほどの発展の機會に惠まれている」と述べたことが紹介された（一九四六年一二月一四日）。また、日本視察旅行から帰米したフラナガン神父が、米軍陸軍省における記者会見で、「現在日本は九十八パーセントまで外教者であるが、今後十年以内に全部キリスト教徒となる可能性がある」というマッカーサーの希望を伝えている（一九四七年八月一〇日）。これに先立ち、ローマ法王庁在豪州枢機院サルマン・ギルロイ氏が、在日ローマ法王使節ポール・マレラ氏らと共に天皇に謁見したという記事が掲載されるなど（一九四六年一一月二九日）、占領下という状況のなかで、カトリック教界は存在感を増していく。長崎のキリスト教界においても、戦時中はアメリカに帰国していたミッションスクールの宣教師がぞくぞくと帰校し、関係者の海外留学の報が聞かれるようになった。軍政官エルノア中佐[★14]、ニブロ教育官および杉山知事を迎えて浦上天主堂の落成式が盛大に行なわれたほか（一九四六年一二月一六日）、「廿六聖人三五〇年祭」が県市の後援で行なわれ、「キリスト教の世界的な催しとして注目を浴びており、日本各地の信者は巡禮團を組織して續々東洋の聖地めがけて來崎している」（一九四七年五月一五日）と、連日大きく報じられた。このほか、カトリック聖職者のフラナガン神父が長崎を訪れたことも、紙幅を割いて報道されている。

一九四七年七月一四日、小倉の第八軍から「わが身を実験台に、原子病の究明に励んでいる永井さんの科学者としての姿」が発表され、これ以降、永井隆はマスコミの注目を集めるようになった。★15 これに応じて、「長崎日日」での露出度も増えていく。七月一七日、「限られたいのちを科學の探求に捧げる教授の學求心は實に科學者のかゞみであろう」という紹介文とともに、「科學者の妻」というタイトルで、永井による妻とその原爆死を綴った随筆が掲載された。八月九日には、「國境越える宗教愛　米人の胸を打つ永井教授の弔辭と詩」という見出しで、「こゝに宿命の原子病に犯されながらも最後まで世紀の課題原子病の解決にはげむ長崎医大永井隆教授にまつわる日米親善の一篇をおくる」と、永井の弔辞と詩が英訳されて雑誌「ザ・フィールド・アフェア」に掲載されたことおよびそれに対するアメリカ婦人との交歓が取り上げられた。「長崎の永井は日本の永井となり世界の永井となつた」と述べられている。また、占領軍の放出食料を荷揚げ中のアメリカ人の船長が永井博士にコーヒーを贈った一幕も『船長のコーヒーと教授』美わしい人類愛が描くアトミック・ナガサキ物語」と、美談として取り上げられた（一九四七年八月二四・二五日）。

このころ、「長崎日日」上でも、永井隆の旺盛な執筆活動が垣間見られるようになる。「この子を残して」を連載した講談社「キング」の新聞広告がたびたび掲載された。キャッチコピーは、「原子病の爲に次第に迫り來る死の影を眼前にしながら……自らの肉體を學究臺上に捧げた浦上の聖者永井博士が二人の愛兒のために、病床で綴る切々たる父性愛の手記」とある（一九四八年六月二五日）。同時期にロマンス社から刊行された『ロザリオの鎖』も「母を失つた愛兒に対する切々たる父性愛と天主に全身全靈を捧げた敬虔●信者の殉職的精神が全篇にあふれ感涙なくして読むことの●來ぬ大文章！」

と宣伝されている（一九四八年七月一四日）。「原子病概論完成　永井博士の苦闘報いらる」という記事のなかでは、永井に対する暑中見舞いという形式で、「あなたのいう世紀の日——世界平和のためへの神示が聖地浦上原頭に示された記念すべき八月九日が、あと十日もすれば三たび回り來ますね」と呼びかけ（一九四八年七月三〇日）、八月六日のNHKの原爆記念放送の全国中継のために、長崎放送局が、永井の「放射能と人体」についての講話を録音して東京に送付したことが伝えられた（一九四八年七月二四日）。

長崎におけるカトリック教界の原爆の語りとしては、一九四七年八月一〇日の紙面に「『祈』に明け暮るゝ　神に召された學友の思出も清く　その後の純心女學校」と題して、被災して大村市植松町に移転中のカトリック系ミッションスクール、純心高等女学校の近況が取り上げられた。そのなかでシスターたちは、「重傷の生徒達が死の間際まで〝サルベレチオ〟の聖歌をうたいつゞけ神に召される誇りを喜びながら静かに昇天していつた」ことが忘れられないと述べ、校長の江角ヤスは、「原子爆彈こそは新らしい世界平和への洗禮でありこれに殉じて天に召された人達は誰もが平和の女神ともいうべきでしよう」と述べている。このほか、多少とも原爆被害について語られているものには、以下の記事がある。浦上キリシタンのならわしを取り上げた文化コーナーでは、「原子爆彈のため、終戰のぎせいとなつて天國に旅立つた母や妻や子供たち」という表現が見られる（一九四七年八月二六日）。また、『浦上の地とその天主堂は聖母に捧げられたものであり、戰爭の償いとして尊い犠牲の祭壇に供えられたのです——』と浦上のひとびとは信じている」という書き出しで、浦上の復興が、捗らない長崎の復興に示唆を与えるものと紹介されている（一九四七年九月二一日）。

カトリック教界に関しては、マッカーサー元帥の賓客として次期法王と目されるニューヨーク大司教フランシス・ジェイ・スペルマン枢機卿が来日し、天皇と会見したことが伝えられた（一九四八年六月九・一〇日）。長崎については引き続き、二十六聖人記念祭や聖体行列などの宗教行事、また「マリア園」や「聖母の騎士園」などの社会福祉施設の活動が報道されている。一九四九年の五月に「聖ザベリオ[★16]の日本上陸400年記念祝典」（以下：ザビエル祭）が東京と長崎で開催されることが全国カトリック教区長会議で決定されたことを受け、長崎市長も「戦後初の観光客として迎える人々であり、観光長崎発展の上からも万全を期したい」と、一五〇〇名ないしは二〇〇〇名とも言われる海外聖地巡礼団に期待を寄せた。これを機に、長崎市と聖地保存会は、二十六聖人の聖地保存のために寄付を募り、聖地付近の公園化と記念塔建立に向けて活発な活動を展開することになった（一九四八年六月一五日）。社説にも、「聖地長崎」として「本懸が《ママ》観光地としてそのカトリック史的背景が大きな役割を遂げる」（一九四八年八月二六日）と期待感が述べられている。カトリック教界の宗教行事であるザビエル祭は、一宗教の行事にとどまらず、長崎市全体の観光発展という観点から、「長崎日日」上で頻繁に報道されるようになった。

　被爆から二年目を迎えた被爆地の様子が伝えられるなかで、八月九日には各寺院、教会の慰霊祭のほかに「平和のいけにえとなつた一万三千の靈魂を慰めるために」長崎市連合青年団の供養盆おどりの開催が報じられている（一九四七年八月六日）。被爆に関する長崎市などによる記念行事はなかったが、その一方で、八月一五日には平和復活貿易再開記念市民大会が開催され、「長崎の復興は、そして長崎の発展は長崎港の伸●如何にかゝつている」と、貿易再開にかける意気込みが報じられた（一九四七年八月一六・一七日）。原爆被害の調査については、「米作に好影響」（一九四七年九月二〇日）と、楽観的な見出しの報道がなされる一方で、日米両国の医学者が共同で児童の医学的影響に関する長期的な研究を進めるという記事も見られる（一九四七年一一月九日）。ＧＨＱと厚生省から原爆調査研究所の設置についての調査団が派遣され、新興善長崎医大第一病院に事務所が設けられたことが報じられるなど（一九四八年三月三・七日・八月三〇日）、さらにこれは、恒久的な研究所の設置へとつながっていった。

一九四六年一〇月の占領軍の検閲開始から一九四八年七月までのあいだ、原爆被害の報道は低調だった。この期間中に個人の原爆体験を扱った記事は、一九四六年二月の永井隆および同七月の長崎医大学長古屋野博士のもののみである。そもそも原爆被害について取り上げられることがないために、原爆被害の意味づけが提示される場面も稀で、とくに永井を扱った記事で燔祭説が詳しく示される以外は、「人類文化の貴い犠牲」「建設への原動力」「平和のいけにえ」「終戦のぎせい」「原子爆弾こそは新らしい世界平和への洗禮[★17]」と、いずれもポジティヴな意味づけが短文で示される程度である。逆に言えば、この時期の「長崎新聞」「長崎日日」において、原爆被害の意味づけが詳しく語られるのは、永井を取り上げた記事においてのみと言える。そしてそこで提示されていたのは、燔祭説だった。とくに、一九四七年七月に占領軍が永井隆の様子を広報して以降、永井はマスコミにおいて頻繁に取り上げられるようになるが、検閲という観点から見ると、このことは、永井に関する報道に占領軍からのお墨つきが出たものと解釈できる。

燔祭説のロジックは、神への犠牲によって戦争が終わり、平和がもたらされたというものであるから、縮めればたしかに「平和のいけにえ」「終戦のぎせい」とも言えるかもしれない。しかしながら、新聞紙面上で、キリスト教の神という言葉を使って原爆被害が語られる場合、永井隆が語った言葉として提示される以外は、「あなたのいう世紀の日――世界平和のための神示が聖地浦上原頭に示された記念すべき八月九日」（傍点筆者）という永井隆への呼びかけの形や「『浦上の地とその天主堂は聖母に捧げられたものであり、戰争の償いとして尊い犠牲の祭壇に供えられたのです――』と浦上のひとびとは信じている」（傍点筆者）という文章に見られるように、特定の個人あるいは集団の意見として、距離を取った書き方がなされている。

「ピース・フロム・ナガサキ」の発祥と国際文化都市建設の礎論

［「長崎日日」一九四八（昭和二三）年八月～一九四九（昭和二四）年一二月］

被爆から三年目の八月六日、広島で平和記念式典が盛大に開催され、「ノー・モア・ヒロシマズ」を合言葉に、世界百六十の主要都市に宛て、平和宣言を送付することが報じられた。広島では、海外を視野に入れた平和運動が展開されていた（一九四八年八月七日）。八月九日前後は原爆に関係する記事が多数見られ、広島の平和運動に触発されてか、「かの日散りにし四万の靈はなお我々國民に戰争が生む悲惨な姿を二度と繰り返さないように叫んでいる」と、原爆被害を戦争の悲惨さと結びつけて反対するという論調が初めて見受けられるようになる。合わせて、「記念日を迎えて　全世界に　再び叫ぶ『ノー・モア・ナガサキズ』」と、ノー・モア・ヒロシマズのスローガンを引用し、世界のなかの長崎を強調した語りが見られる（一九四八年八月九日）。「四万余の人々の尊い犠牲により戰禍の擴大にピリオドが打たれ、新文化日本建設の機縁になつた日」と原爆投下の日が意味づけられ、長崎市主催の復興祭や浦上教会の追悼ミサ、戦災者連盟の供養会、仏教会の原爆死者追悼大法要など各種の慰霊祭が行なわれることが報じられた（一九四八年八月九日）。このとき、長崎市は初めて平和宣言を出し、これが「長崎日日」にも掲載されている。

> わが長崎の地は世紀における原爆の基点として世界戰爭の終止符を打たれた土地であつて、この原爆の未ぞ有な戰災慘禍を一轉機となし平和への明るい希望をもたらした、その意味から長崎は世界的地位において最も印象の深い土地であり『アトム長崎を再び繰返え《（ママ）》す』と絶叫することによつて世界の恒久平和は確立するものと信じて疑わぬ、われわれはこの文化祭の式典に当つてノー・モアー・ナガサキズを力強く標ぼうし廣く世界に宣明せんことを期しこゝにこれを宣言する
>
> （一九四八年八月一〇日）

式典はこれまでになく大規模なもので、マッカーサー元帥、長崎軍政府司令官デルノア中佐、芦田首相、森戸文相、広島市長等からメッセージが伝達された。このなかで、デルノア中佐は、「三年前の今日の出來事は他の國民のみならず、日本の國民にも人類が無限の破壊力をもつ原子力を獲得したことは戰爭が眞に無益なものなることを知らしめた」と、原爆被害を元に戦争を否定する見解を示している（一九四八年八月一〇日）。八月一五日には、貿易再開一周年の長崎市民大会が開催され、ここで市政記者団からの平和宣言の緊急動議によって「平和は長崎より」の猛運動の展開が市民に呼びかけられ、満場の拍手で可決された（一九四八年八月一六日）。この「〝平和は長崎からを《（ママ）》〟全世界全人類に絶叫する」という平和宣言と記者会作詞の詩〝世界に響けこの平和〟は、世界各国語に翻訳され、長崎軍政府を通じて発送されることになった（一九四八年八月一七日）。翌八月一八日の社説は、戦争が起きるのは人類の平和に対する絶対的信念が足りなかったからだとし、「ピース・フローム・ナガサキの叫びはその第一声となる大きな任務を荷うもの」と、この宣言の意義深さを強調している。

原爆被害に関係した長崎市の動きとしては、原爆都市として長崎市を永久に記念するために、大橋

市長を会長とした原爆資料保存委員会が誕生し、市民に資料貸与を呼びかけているほか（一九四九年四月一〇・一七日など）、ザビエル祭に合わせて二〇日足らずのスピード工事で原爆資料館が完成し、永井隆夫人の忘れ形見であるロザリオの鎖も展示されることになった（一九四九年五月二五日）。

このころの大きな変化には、一九四九年五月以降の特別法の制定に向けたうねりがある。論説「平和記念都市法に長崎を洩すな」で、県会議員松尾哲男は、広島平和記念都市建設法案が国会で上程されることを知った長崎県選出の代議士たちが、長崎市をこれに便乗させようと奔走するさまを記し、県議会での緊急動議の際に、数多くの戦災都市のなかで、とくに原爆都市を選んで平和記念都市建設法を設ける理由を次のように説明している。

基督が人の子の罪を己の身一つに贖いて十字架にかゝりし如く、長崎、廣島の両市民は日本民族の亡滅《（ママ）》を救わんが爲にこの尊き犠牲を拂いたるものであつて、ピース・フロム・ナガサキ、ピース・フロム・ヒロシマなる標語はこの故にこそ深長なる意義を帯びるのである。

（一九四九年五月七日）

ここで松尾は、「長崎には原子爆彈というよい口実がある。この口実を振回して國土計画に優先権を握ればよい」という俗説に対し、長崎を平和記念都市建設法にあずからせようと願うのは、このような卑屈な心情からではなく、「長崎市をして新日本の象徴たらしめ、長崎人をして平和の使徒たらしめんとの高邁なる願望による」ものと述べている。

こののち、各派共同提案の広島平和記念都市建設法案、長崎国際文化都市建設法案の二法案が五月一〇日の衆議院本会議で可決され、長崎国際文化都市の建設をめぐるやりとりは一気に活気づくこととなる。翌一一日の「長崎日日」には、このことに関するいく人かの知識人の談話が掲載され、そこで永井隆は、「戰爭のピリオドは廣島で打たれ〝ノーモア・ヒロシマ〟が叫ばれた一つの文章に二つのピリオドがない様に長崎のは戰爭のピリオドでなく平和へののろしだ〝ピース・フロム・ナガサキ〟だ」と述べている。また、同紙面上で藤井県議は、これを起死回生の朗報だとし、観光基地としての活用に期待感を表明した。この国際平和文化都市について、大橋市長は、「長崎が持つ四百年の文化的傳統を生かしたものであつて、教育、衛生、産業その他あらゆる文化面の復興を意味する」と、広島の平和記念都市との違いを説明している（一九四九年五月二一日）。五月下旬には、長崎市議会で国際文化都市建設法案通過に伴なう議会宣言が出され、その内容が掲載された。

本市は原子爆彈による世紀の戰爭は《ママ》終止符を打つた世界人類史に最も深く銘記さるべき地である被爆の悲慘苦を通じてこそ地上に戰爭なき恒久平和は実現することを確信する、ここにおいて平和は長崎からの鐘を打鳴らしつつ（中略）國際的規模における文化日本を象徴する眞の文化都市を建設し以て人類の福祉に貢献せんことを期する

（一九四九年五月二三日）

また大橋市長は、臨時市議会後の協議会で次のように国際文化都市建設計画の構想を述べた。

長崎市が一は原子爆彈投下の地として今度の平和文化運動に対し世界的意義を有すること、二には國際文化交流の門戸としての永き歴史、三にはわが國の最西端として中國、南洋諸島に面する

國際的要衝である点を考えて國際文化都市は建設せねばならない（一九四九年六月九日）

折しも失業対策問題の一環として、長崎、広島の復興については、米国から一切の資材が来るという官房長官の発言[★18]があり、特別法の通過と合わせて次のように報じられている。

> 思えばあれから四年、原子の地にわれらの同胞がわれらの兄弟が父が子が妻が流した尊い血と偉大な犠牲は決して無駄ではなかったのだ、今こそ酬われたのだ、文化都市建設への輝かしいしよ光はみえた、日本の南端原子野にとゞろくわれらの歓喜、二十万市民の文化都市建設への熱意が足並みがそつくりそのまゝ世界平和への一大行進とならねばならないそうだ〝ピース・フロム・ナガサキ〟平和は長崎からの合言葉そのまゝに……（一九四九年六月二六日）

このニュースは、同日の「長崎民友」でも国際文化都市建設法案の賛否を問う住民投票を呼び掛けるポスターの前で市長、議長、助役が「感激の萬歳」をする写真入りで大々的に報じられ、「來る七月七日の住民投票に百パーセントの投票を示してこの絶大なるアメリカと政府の好意に報いたい」という大橋市長の談話が掲載されている（一九四九年六月二六日）。長崎市は、国際文化都市建設を祝して「国際文化都市長崎音頭」を募集し、当選者の歌詞が発表されたが、その一番は、次のようなものだった。「アトム　長崎／茜の空に／鐘が鳴る鳴る夜明けだ朝だ／サッサ働こ　みんなで築こ／文化日本の　モデル都市／ソラ　どどんと　どんと來い／モデル都市」（一九四九年七月五日）。七月七日には、国際文化都市建設法案の賛否を問う長崎市の住民投票が行なわれ、賛成多数によって成立した。この際、「投票開票結果ともに完全に廣島市をけり落して堂々と長崎市民の熱意を全世界に表明した」などという、広島への対抗心を見せた報道が見られる（一九四九年七月九日）。「長崎日日」は、国際文化都市に関連して、「文化及び國際文化とは何か」と題した紙上討論を行なっているが、寄せられた意見のうち「國際文化とは各國間の文化の交流を指す」とするものは六〇％、「國際文化は平和を基調とする」と主張するものは三〇％だった（一九四九年八月一日）。原爆被害に端を発した特別法の制定であったが、広島市の「広島平和記念都市建設法」との差別化を図る過程において、長崎市では自治体の方針と市民の受け止め方の双方において、原爆被害と特別法を直接関連づける回路は埋没することとなったと言える。

一九四九年八月九日、四回目の原爆記念日に国際文化都市建設法が施行された。この日の紙面で大橋市長は、「わが長崎をして國際文化の中心都市たらしめ以て『ピース・フロム・ナガサキ』の礎となられた十幾万の尊い聖霊に報ゆるべきである」と文化都市完成を期し、決意を語っている（一九四九年八月九日）。被爆者の喜びのコメントも掲載され、このなかで、石田壽長崎地裁所長は、「国際文化」という言葉に関連して、被爆当時のことを遠慮せずに世界に宣言して他国の人が長崎に関心を寄せるように努力するのもひとつの方法だと提案し、広島が世界に初めての原爆地なら長崎は世界最後の原爆被害地であることを強調すべきだと述べている。翌日の新聞には、大橋市長が盛大に行なわれた長崎文化祭で、「長崎における原爆を最後として再び人類が戰争の脅威におのゝくことをなくし偉大なる原子力は世界平和の為人類の福祉に貢献せられんことを熱願する」と平和宣言を行なったことが伝えられた。二面には、「愼しく冥福を祈り　發展へ文化祭の歡喜」「慘禍より今日の光榮　華々しく文化都市の門出を祝う　犠牲者の御靈安かれ」という見出しが躍っている。

広島の平和運動の高まりを受けて、「長崎日日」にも、広島を意識した記事が増えてくる。浜井広島市長と任都栗広島市議会議長が、トルーマン大統領あてに世界平和懇請のメッセージを送ったことや、ニューヨークではじまった広島の原爆孤児の養子運動が報じられた（一九四九年九月三〇日）。このようななかで、長崎市国際文化都市建設企画委員の山田庄三郎が同委員会から派遣され、四日間広島の平和都市建設状況を調査して「長崎日日」に寄稿し、文中に「廣島に一歩足をふみ入れたとたんに、原爆の匂いを強く印象づけられつゝ、私は長崎に一枚の原爆の絵葉書もない事を淋しく思いつつ、漸くにして世界の注目をあびている長崎と廣島であることに気がついた」と記している（一九四九年九月一二日）。また、長崎日日の記者による四年後の広島の現地報告が掲載されたほか（一九四九年一一月二四日）、広島と両市の関係者を含めた「原爆都市青年交歓会」がはじまったことが伝えられた（一九四九年一一月二一日など）。

一〇月には、渡米中の長崎活水女専教授岩崎ヤス女史[19]が原爆体験を語り、それがアメリカの新聞「デ・モイン・トリビューン」に掲載されたことが「長崎日日」で報じられた。「Victim Glad Atom Bomb Ended War」というタイトルで、岩崎氏に大橋市長が託した「長崎市民は原爆が日本國民を平和の使徒たらしめたのでこれを火の洗礼と呼んでいる」というメッセージの一節が掲載されて反響を呼んでおり、長崎を救うべきであると力説されていると紹介されている（一九四九年一〇月七日）。年末の「1949年ビッグ・ニュース総ざらえ」という連載では、国際文化都市となった経緯が「〝火の洗禮〞はいま報われた　平和のメッカ　國際文化都市長崎生る」と総括されている（一九四九年一二月二八日）。キリスト教界に関しては、ヴァチカンのローマ法王庁当局者が、裕仁天皇がカトリックに帰依する可能性があるとして、「もし天皇がカトリックを信ぜられれば日本のキリスト教は大発展を遂げることとなろう」と語ったことが報じられた(一九四八年一二月一〇日)。また、アメリカ南部のカリフォルニア・アリゾナ両州のメソジスト教会の会議で、参加者により、マッカーサーが「戰爭と敗戰を經驗した日本は今キリスト教にとつてこれまで經驗したことのないような大きな傳道の機会」と認めた書簡および日本に若い宣教師が来ることの急務を説いたことが紹介された(一九四九年六月二五日)。長崎では、一九四九年八月九日の長崎市主催の文化祭に、ローマ教皇代理からのメッセージが送られている。このほかのカトリック関係のニュースには、収容孤児百五二名中七名が死亡した長崎市戸町のカトリック系戦災孤児収容所「聖母の騎士園」の火事がある。火事後、再建資金を集めるために、長崎日日は義援金募集の社告を出し、各地から援護の手が差し伸べられた。「聖母の騎士園を援助せよ」という社説には、聖母の騎士園はたんに長崎市にとどまらず、県全体の誇りであるとし、「本縣は社会事業の方面においてあまり自負出來ないようであるが、その間にあつて聖母の騎士修道院が戦後の社会事業でも一番尊い」と述べられている(一九四九年一月一九日)。いまだ社会福祉事業が十分ではないなかで、カトリック関係の施設は存在感を放ち、市民にも認められる存在だった。

一九四九年五月に開催されたザビエル祭についての関心は前々から高く、一九四八年一〇月二四日掲載の社説では、敗戦後の行事として非常に大きな意義があり、これを機に「終戰前の長い期間にわたつていい馴らされていた基教傳道イクオール白人侵略という素朴な見方だけは是非とも徹底的に反省されねばならぬ」という見解が述べられている。「〝ピース・フロム・ナガサキ〟を海外に宣揚する世紀の祭典」とも伝えられた(一九四九年五月一七日)。当初は、邦人も含めて約三万人もの観光客が集まると伝えられ、委員長に県知事、副委員長に市長を据えた「フランシスコ・サビエル師来訪四百年記念観光行事委員会」が組織され、観光史上稀有の大事業としてさまざまなプランが練られたが(一九四八年一一月一九日)、計画された催し物は、観光みやげ品の即売会、たこあげ、こいのぼり、花火大会など、直接カトリック行事とは関係ないものがほとんどだった(一九四九年二月三日)。ザビエル祭を機会に観光長崎を実現しようと、行事だけでなく西坂公園や観光道路、長崎駅の整備も計画され(一九四八年一一月二六日)、長崎県は、トレーラー、観光バスなど計二〇台を購入し(一九四九年三月三日)、スピード宝くじつきのザビエル祭記念絵葉書が、市内七ヵ所で売り出された(一九四九年四月一四日)。開催直前には、マッカーサー元帥もザビエル祭に寄せ、ザビエル渡日の意義を声明として発表している(一九四九年五月二六日)。五月二八日、教皇特使ノーマン・トーマス・ギルロイ枢機卿をはじめガードネル・ニューヨーク大司教などの外国人巡礼団七二名と進駐軍将兵らがザビエルの聖腕とともに長崎駅に到着し、大橋市長の「宗教の如何を問わず長崎の元祖開港の恩人として聖師を称賛している」という歓迎のメッセージに迎えられた。社説は、「カトリック信者はもちろん、縣民にとつても意義の深い日」と述べている(一九四九年五月二九日)。翌二九日には、西坂公園で行なわれた四百年祭と教皇のメッセージの発表が大々的に報道された(一九四九年五月三〇日)。しかしながら、ザビエル祭後には、受け入れにつぎこんだ金額に対して利益が得られなかったという市民の非難の声が湧き上がる(一九四九年六月一・二日)。「長崎日日」の論説は、ザビエル祭への県市民の熱狂的な協力と支持は、経済的な理由での期待とともに、「原爆で打ちひしがれた長崎市を彼等各國の巡礼團の同情に訴えて、廣く世界に紹介してもらい、暖い愛の援助とピース・フロム・ナガサキ(平和は長崎から)國際文化都市として、また平和のメッカとして、長崎市を世界に認識してもらいたいからにほかならなかった」と、その理由を総括している(一九四九年六月五日)。国際巡礼団は九州を巡回したのち東京に戻り、二週間にわたる祭典は幕を閉じた(一九四九年六月八日)。

ザビエル祭に並ぶ同時期の行事には、天皇の九州巡幸がある。天皇は、一九四九年五月中旬から六月中旬の約三週間にかけて九州各県を巡り、長崎県内に入ったあとの動向は、連日大々的に報道された。長崎市に到着した天皇は、カトリック系の戦災孤児収容所「聖母の騎士園」を訪ね、長崎医大で原子野を見て説明を受けたのち、三菱球場に集まった五万の市民に向けて、「長崎市民が受けた犠牲は同情にたえないがわれわれはこれを礎として平和日本建設のために、世界の平和と文化のために努力しなければならない」と「お言葉」を発している（一九四九年五月二八日）。

引き続き、永井隆は紙面によく登場する。著作に関しては、雑誌「キング」に連載されていた『この子を残して』が講談社から出版され、「やがて孤児たるべき二人の愛児のため死床に綴る、切々！愛情の遺書」などという新聞広告がたびたび見られるようになる（一九四八年一〇月一三日など）。長崎日日新聞社からも自伝小説『亡びぬものを』が出版され、「人間力を超越した文学」と大々的に社告が打たれた（一九四八年一一月二日など）。一一月には読売新聞社[★20]によって、大衆投票による良書ベストテンが発表され、永井隆の『この子を残して』が二万二一五三票を獲得し、七一四〇票であった二位の太宰治の『斜陽』を大きく引き離して一位を獲得したことが報道されている。なお、このとき『ロザリオの鎖』は、二六八四票を獲得して四位であった（一九四八年一一月二二日）。このほか、片岡弥吉著、永井隆序文・挿画の『聖ザビエル物語』や、『生命の河』『花咲く丘』などの新聞広告も見られる。永井の元には、全国からおびただしい数の激励や賛辞の手紙が日を追って届き、山積みとなっていることが伝えられた（一九四八年一二月二四日）。青年詩人に激励の便りを送ったことが取り上げられたり（一九四九年二月五日）、ザビエル祭までに「長崎の鐘」の新作レコードを世に出そうという動きもあった（一九四九年四月一八日）。東京バラ座の『長崎の鐘』の講演が天主堂で行なわれた際は、「劇中の博士に涙する永井氏」と本人の様子も取り上げられている（一九四九年五月八日）。永井は、「犠牲の上にめぐむ平和」という記事のなかで、「廣島、長崎は人類の住む地球の上にあらはれた一番悲しい傷あとなのです。もちろんこれよりも大きな傷あとを作らない爲にあゝした結果になつたのだが」と語っている（一九四九年一月一日）。

このころ、三重苦の聖女ヘレン・ケラー女史の来日が全国的なニュースとなったが、彼女は日本滞在中に長崎市にも足を延ばし、病床の永井隆を訪問している。このときの様子を「長崎日日」は、「愛の言葉をもつた青い鳥のケラー女史を迎えた永井博士の光栄は一人博士ばかりでなく、博士を生んだ長崎の誉れ」と伝えた（一九四八年一〇月二〇日）。天皇が長崎市を訪れた際も、長崎医大に担架で運ばれた永井隆に見舞いの言葉をかけており、これが「原爆を体験した最初にして唯一の人類が、かつて神と敬い、今あこがれの的と仰ぐ陛下を眼のあたりにするその光栄、その表情、その中で長崎が生んだ原子学者永井隆博士と陛下のお取合せはあまりにも意義深い世界的ニュースであろう」と報道されている（一九四九年五月二八日）。ザビエル祭で長崎を訪れたギルロイ卿も、浦上天主堂でのミサに出席した博士を慰めかつ激励したことが報道された（一九四九年五月三一日）。永井は、長崎を訪問する著名人がこぞって会いに訪れる存在となっていた。このほか、八月九日の長崎市の文化祭記念式典で、永井博士愛育のハト七羽が令嬢カヤノさんの手で放たれることや（一九四九年八月九日）、原爆資料保存委員会が、永井の助言で原爆直後の灰塵と化した長崎の模型を作ることを決めたことが報じられている（一九四九年一二月一〇日）。また、「樂壇の父」山田耕筰が「ひん死の永井博士の姿に打たれて」病床で交響曲「長崎の鐘」の完成に精魂を注ぐ姿が伝えられた（一九四九年九月一一日）。広島との「原爆都市青年交歓会」にあたっては、永井は如己堂に咲くバラの苗とともに「平和のために原子爆彈の犠牲となつた人達の意思を通じ生残つたものは進んで平和の人柱とならなければならない」という平和のメッセージを贈ったことが報じられている（一九四九年一月二一）。ソ連の原爆保有が報じられた際にも、「異とするに足らぬ」という永井のコメントが掲載された（一九四九年九月二五日）。一九四九年一一月の衆院考査特別委員会で、ノーベル賞を受賞した湯川博士とともに永井隆を表彰することが決定した。この決定に永井は、「原子戰爭に反対することによつて、平和を叫ぶことにすべてをさゝげて行くつもりである」と述べている（一九四九年一一月二九日）。続いて、長崎市議会も永井に名誉市民の称号を贈ることを決定した（一九四九年一二月四日）。永井の病状にも注目は集まり、永井の血液を鶏に注射してその反応を調べていることや（一九四九年一二月七日）、「永井博士は原子病に非ず」という主治医の見解も大きく紙面で報じられている（一九四九年一二月一七日）。

一九四九年四月、トルーマン大統領が「世界の福祉と民主的諸國民の福祉が危険にひんする場合には私は再び原子爆彈の使用を決定することをためらわない」と述べたことが報道され（一九四九年四月八日）、第三次世界大戦は不可避とさえ思われるようになってきた。そして九月、ソ連が原爆保有を公式に発表する（一九四九年九月二六日）。原爆被害の報道は依然として低調であり、米国タイム誌の記者が原爆跡を訪れたことを報じた「レニングラードと酷似　〝人間は餘りに破壊的だ〟」という記事が見られる程度だが（一九四九年二月二五日）、婦人タイムズ社から原爆体験記『雅子斃れず』が出版されることとなり、「凄惨な焦土の中から一少女が奏でる愛と涙の感動譜」（一九四九年三月一六日）などという新聞広告とともに、作者の石田雅子が、たびたび紙面で取り上げられるようになった。永井の『長崎の鐘』も相次いで出版され、『雅子斃れず』と『長崎の鐘』は、当時出版された数少ない「歴史的な原爆の地長崎市からの記録的な体験記戦災文学」として並列して取り上げられている（一九四九年三月七日)。このほか、永井編集の『原子雲の下に生きて』が出版され(一九四九年九月一七日)、その印税と永井をはじめ各方面の援助で造られた「あの子らの碑」の除幕式が、山里小学校で行なわれた(一九四九年一一月四日)。また、時事通信社から『長崎』[★21]と題した体験記集が出版され、前記の発刊に続くものとして紹介されている(一九四九年一〇月五日)。原爆被害の調査については、米国原爆傷害調査委員会による原爆症研究所(A・B・C・C)が本格的な活動に入ったことが報じられ(一九四九年八月二〇日)、眼科の集団診察が行なわれた結果、二年経って初めて現われる眼病が発見されたことが取り上げられている(一九四九年一一月二三日)。

一九四八年八月から一九四九年一二月にかけては、原爆被害に関する報道は依然として低調であったが、占領下で広島を軸とした平和運動がもっとも盛り上がった時期であり、それに伴ない長崎でも原爆被害の意味づけが比較的よく語られた時期であったと言える。大きな変化としては、「ノー・モア・ヒロシマズ」というスローガンに触発されて、「ノー・モア・ナガサキズ」「ピース・フロム・ナガサキ」という標語が用いられるようになり、原爆被害を戦争の悲惨さと結びつけて反対する論調が見られるようになったことがあげられる。[★22]ここでは、広島に倣い、長崎を「原爆を基点として世界戦争へ終止符を打たれた土地」と規定することによって、広く世界へ向けて長崎の存在をアピールするという方法がとられている。

長崎国際文化都市建設法の制定にあたって、原爆被害は、広島市の動きに便乗して特別法への優先権を得る「よい口実」として機能した。法律の通過以後、国際文化都市となったことで、「尊い血と偉大な犠牲は決して無駄ではなかつたのだ」「〝火の洗禮〟はいま報われた」あるいは、今後、国際文化都市たらしめることで『「ピース・フロム・ナガサキ」の礎となられた十幾万の尊い聖霊に報ゆるべきである」と、原爆死者について、言わば「国際文化都市建設のための礎論」とでも言うべき語りがなされるようになる。しかしながら、先行して企画され、同時期に成立した広島市の広島平和記念都市建設法との差別化を図る過程において、四百年の文化的伝統を強調するなかで、長崎市では、原爆被害と特別法を直接関連づける回路は埋没していくこととなった。

ザビエル祭は、観光史上稀有の大事業と位置づけられ、県市民の熱狂的な協力と支持を受けた。その背景には、観光から得られる利益に対する期待感、そして国際文化都市としての長崎の存在を世界にアピールしたいという思いがあった。戦時中は敵国の宗教と見做されたキリスト教であるが、ザビエル祭を通し、長崎市民は、カトリック関係の史跡や行事に観光資源としての価値を見出し、もろ手を挙げて受け入れていく。

一方で永井隆はぞくぞくと著作を発表し、国会で表彰され名誉市民となるなど、ますます脚光を浴びて紙面によく登場する。ただ、永井の著作の紹介は、「涙をそそる感動もの」という扱いで、そのほかの記事も「原爆、平和に関わる有名人」としての永井を取り上げたものであり、原爆被害への言及はあっても、燔祭説が提示される機会はなくなっていった。

キリスト教に関連した原爆の語りとしては、「基督が人の子の罪を己の身一つに贖いて十字架にかゝりし如く、長崎、廣島の両市民は日本民族の亡滅を救わんが爲にこの尊き犠牲を拂いたるものであつて」という原爆死をキリストの死になぞらえた長崎県議の発言や、「長崎市民は原爆が日本國民を平和の使徒たらしめたのでこれを火の洗礼と呼んでいる」というミッションスクール関係者に託した大橋市長のメッセージがあるが、ただ、これらは、厳密に言えば燔祭説のロジックとは異なっている。いずれもキリスト教界の用語を使用しつつ、前者は国際文化都市建設法の制定を目指して、原爆死が日本国民を救うための犠牲であったことを強調することで、特別法に対する優先権を得ようとし、後者は原爆投下が日本国民全体に良い影響を与えたとすることで、アメリカの投下責任を追及することなく、アメリカ人に対し長崎の原爆被害をアピールしようという意図をもっていた。

朝鮮戦争の勃発による反動［「長崎日日」一九五〇（昭和二五）年一月～一九五一（昭和二六）年五月］

一九五〇年に入り、民間貿易が再開され、長崎市は景気回復の期待に沸いた。そのようななか、トルーマン大統領が水爆製造を指令したこと（一九五〇年二月二日）、再び米国内遊説中の演説で、原爆は米国の青年および日本軍兵士の生命を救う最上の方法であったとし、やむを得ない場合は再び原爆投下を辞さないと発言したことが伝えられた（一九五〇年五月一二日）。GHQは共産党幹部の公職追放を指令し（一九五〇年六月八日）、「長崎日日」にも「ソ連は平和の敵」というアメリカの外交政策に沿った見出しが掲げられるようになる（一九五〇年六月一二日）。六月下旬には朝鮮戦争が勃発し、連日一面で戦況が報道されるようになった。この影響を受けて、生産が足踏みを続けていた西重工業[★23]などの代表的な会社の売り上げに、明るい期待がかけられるようになる（一九五一年一月一九日）。

原爆被害の報道は依然として少ないものの、耳が小さくしぼむという新たな原爆症の発見が報じられているほか（一九五〇年二月一日）、「原因は亞白血病　浦上に今なお原子症狀」という見出しで、爆心地付近には毎年決まって発熱を伴なう倦怠や身体の一部に紫色出血を呈するものがいると、伝聞調で伝えられている（一九五一年一月二〇日）。紙面には、「今日長崎が日本のジヤーナリズムの表面にうき上つたのは、かなしいかな、原子爆彈の副産物である。國際文化都市になつたのももち論、長崎人たるものアトミツク・ボムに感謝すべきである」という意見が掲載され（一九五〇年一月二二日）、長崎新名物として県秘書課課長が考案した原爆雲をかたどり、蛇踊りや出島オランダ屋敷などを焼きつけた「アトムせんぺい」が発売された（一九五〇年四月二三日）。

特別都市の指定に関しては、長崎市の収入面の景気の良さが、各都市から羨望の的となり、多数の視察団が押しかけている姿や、他都市が我も我もと国家補助を求めて法案提出を進めている様子が報じられている（一九五〇年二月一三・二六日）。また、カトリックの「聖年祭」に際して長崎市長は、山口長崎司教区長の協力を得てローマ教皇にメッセージを送ったが、このなかで原爆被害に触れ、「日本のエルサレムを長崎に築きたい希望を抱いているが実現は困難ですよろしくご協力をお願いする」と述べている（一九五〇年一月三〇日）。六月中旬には、スイスのコー市で開催されたＭＲＡ（Moral Re-Armament／道徳再武装）世界大会に県知事、市長が招かれ、「平和は長崎より」というパンフレットや原爆体験者の出演した映画「長崎の子」、児童作文などを携えて「ピース・フロム・ナガサキ」について熱弁をふるったことが伝えられた（一九五〇年六月二三日）。

長崎のカトリック教界に関係する動きとしては、二十六聖人記念ミサや聖体行列などの記念行事以外では、原爆で罹災した長崎純心女子学園の二人のシスターが米国で歓迎を受ける様子を報じた「カソリックライト紙」の記事が、「長崎日日」で次のように取り上げられている。

> 八月九日、原爆投下の瞬間学徒動員で付近の工場に働いていた先生、生徒二百四名が血だるまになり苦しい息の下から神の名を呼びつゝ合唱のうちに昇天して行つたその美しい気高い行爲をたたえると共に、これらの死を平和のいしずえとしてますます世界永遠の融合を固めて行こうとする信念にもゆる江角校長や日本の平和のためには援助を惜しまないという記事でうずまつている

（一九五〇年一月一一日）

また、長崎市西坂の日本二十六聖人殉教地跡に募金で記念碑を建てる計画[★24]が報じられたほか（一九五〇年二月二五日）、五月には、ローマ教皇使節ド・フルステンベルグ大司教を迎えて聖体行列が行なわれ、教皇が深い思いを日本の向上に寄せていることが伝えられた（一九五〇年五月一五日）。

引き続き、永井隆は紙面によく登場する。京都大学が湯川会館の設立準備を進めるのに呼応し、長崎市も永井博士の業績を称えるために永井記念会館の建設計画を練っていることが報道された（一九五〇年二月一二日）。長崎を訪問した日本ペンクラブや第二回原爆青年交歓会の面々は如己堂に永井博士を訪ね、永井が編集した被爆体験記集『原子雲の下に生きて』の舞台となった山里小学校を訪れている（一九五〇年四月一九日・五月七日）。同書は太洋映画により映画化されることになり、「この地上にふたたびこうしたことが起きないようにと呼ぶ《（ママ）》姿が生々しく描き出されています」と宣伝された（一九五〇年四月二五日）。一方で、『長崎の鐘』も松竹映画からの映画化が決定したことが伝えられている（一九五〇年六月二三日）。一九五〇年五月、ローマ法王ピオ十二世が、不治の病に倒れながら科学的宗教的作品を発表した永井に最高の祝福を与えるとともに、「永井博士は日本國民の亀鑑である」と称賛したことが報じられた（一九五〇年五月一一日）。同時期にフルステンベルク大司教が長崎に来訪し、如己堂を訪れている。一九五〇年六月二日、総理大臣代理として本多国務相が如己堂を訪れ、永井に表彰状と天皇陛下下賜銀杯を伝達した。表彰状には、不屈の精神力で職務に精励し学界に貢献したことおよび幾多の著書を出して社会教育上寄与したことが、表彰理由としてあげられていた。

五回目の原爆記念日を迎え、「長崎日日」には、「お祭り気分を排除せよ」という論調が見られるようになる。レッド・パージが強まるなか、市議会文化祭準備委員会は、「衛生、観光的見地から街路みぞなどの清掃をやり平和宣言のような空々しい事をすることを極力ボイコット」するという文化祭の実施方針を打ち出した（一九五〇年七月六日）。文化祭直前には、都合により八月九日および一五日前後の一切の行事が中止となった旨が報じられ（一九五〇年八月五日）、一一日には、「平和運動に名をかる不穏な行動におどろ《ママ》されないように」と反米運動、反占領軍運動を禁止する長崎市警察署の広告が掲載された。結局、文化祭は開催されなかったものの、文化祭のためにピース・フロム・ナガサキをテーマに歌が作られたことは、報じられている。歌詞には、「さあれ尊き　にえのもと／わが長崎が　あがないし／世界の春の　朝ぼらけ」という一節があった（一九五〇年七月二四日）。八月九日の社説には、「ピース・フロム・ナガサキを文字通り世界で最初の●●とすることが出來れば長崎の犠牲となった幾万の精霊●浮かぶことが出來るであろう。そして長崎は眞に世界の長崎となり終せる《ママ》であろう」と記されている。二面には「この五周年記念日を迎えてピース・フロム・ナガサキを被爆地では全世界に叫んでいる」という一文とともに、被爆地の現在の状況が詳しく掲載されている。

ＭＲＡ大会出席後、大橋市長は廣島市長とともにアメリカを訪問し、「廣島・長崎市長が大もて」と報じられた（一九五〇年八月一四日）。原爆都市の代表者ということで雑誌、新聞から引っ張りだこだったといい、帰国後、「実際原爆都市長崎がこうまで各國に知られているとは思はなかつた」と語っている（一九五〇年八月二三日）。この成果は、長崎市に、各国の協力を得て万国図書館や大動物園（一九五〇年一〇月四日・一九五一年一月九日）を作るという計画をもたらした。このころ、特別都市が次から次へと生まれ、国庫補助は期待外れだったと嘆かれているが、そのなかで爆心地付近に国際文化会館が総工費七〇〇〇万円、国庫補助三分の二で着工されることが報じられている（一九五〇年一一月二三日)。また、彫刻家北村西望氏による平和記念塔の設計案が、「天平文化の花奈良の大佛に匹適するもので、新文化都市の中を雄こんにそゝりたつ」と紹介された(一九五一年二月一四日)。

カトリック教界に関わるニュースとしては、「再びあの日を繰り返してはならない」と永井博士を中心に平和の手紙運動を起こした山里小学校の子供たちのメッセージを、山口司教が携えてバチカンの法王庁に届ける予定であることが、「〝ピース・フロム・ナガサキ〟は朝鮮動乱の激烈化と共に新しく息吹いて行く」と報じられている(一九五〇年八月六日)。欧州各地を旅行中の杉山知事らが、長崎のカトリック信者のおかげでローマ法王に異例の謁見を果したことも伝えられた(一九五〇年八月一二日)。また、原爆資料館で保存されていた浦上天主堂のアンゼラスの鐘の破片が盗まれ、長崎市がこの行方に懸賞金一万円をかけている(一九五〇年一〇月三・四日)。このほか、アルゼンチンのペロン大統領夫人から「ルハンの聖母像」が永井隆の住む長崎に贈られ、これに対し杉山県知事は、「カトリック教徒のみならず、広く市民の胸中に絶えざる精神的高揚を呼び起こした」と、ペロン大統領夫人に感謝のメッセージを送った(一九五〇年一一月二九日・一二月一日)。修理中であった大浦天主堂の外観修理が終わったことは、「外観はこれですつかり衣替え、文化都市の一威力となるわけだ」と報じられている(一九五一年一月四日)。このようなか、「〝ロシアよ改心して〟 純心学園 神かける乙女の悲願」と、「ソヴエトが國連の協力のもとにあれば世界に戰争はありえない、神様どうかロシアが改心して世界に平和が訪れますように……」と授業開始前のひとときをロシア改心のために祈り続けている女学生たちの様子が報じられた(一九五一年一月一八日)。また、欧州をはじめカナダ、アメリカを四ヵ月にわたって視察した長崎教区長の山口愛次郎司教は、法王に会った際に「浦上の教●は廃きよになつたね、気の毒だつた、苦しんだろうね」と労りの言葉を受け、各地で「原子の司教」と大歓迎されるとともに、永井博士の病状に深い関心が寄せられたと語っている（一九五一年二月九・一八日）。

永井隆に関しては、映画「長崎の鐘」のロケの様子が連日伝えられ、「〝平和は長崎より〟の市の國際宣傳の本旨にそつくり当はまる内容を持つている、しかも終始長崎を背景としているから國内的にも國際的にも●先宣傳の價値１００％だ」と好意的に報じられている（一九五〇年八月二六日）。映画は長崎市の後援を受けて上映され、「やがて孤児となる愛し子を眺めるこの父の肺腑を撰る悲痛な叫びに誰が泣かずにいられよう！」と宣伝された（一九五〇年一〇月三一日）。また、長崎市が松竹主催のスチール展示会に、夫人緑さん愛用のロザリオの鎖を発送したことが伝えられた（一九五〇年九月一三日）。このようななか、如己堂には面会謝絶の札が貼り出され、永井博士の病状悪化が伝えられるようになる。これに対して、ローマ滞在中の山口司教の計らいで、ローマ法王ピオ十二世から永井博士に、祝福とサイン入り肖像画が贈られた（一九五〇年一二月一六日）。市民税の督促に永井が困っていることが伝えられると、社説で「市税などで苦しませない方法を講じてやらなかつたか」と擁護の声が上がっている（一九五〇年一二月一六日）。また、ニューヨークのピアス出版社から著作『ウイ・オブ・ナガサキ』が刊行され（一九五一年二月一五日）、ローマ医師会から法王祝福の大理石のマリア像が永井に贈られることが伝えられた（一九五一年三月一七日）。ホノルルで映画『長崎の鐘』が大評判を呼び、ハワイ観光団の日本観光の際には長崎がコースになっていることも報じられている（一九五一年三月二九日）。

一九五一年五月二日、永井が危篤状態となって担架で入院したことが伝えられた。翌日、「長崎日日」は一面で「永井博士逝く」と永井の死を大きく取り上げ、「数々の世界的榮譽　永遠の人・輝く永井博士」とその死を惜しんだ（一九五一年五月三日）。同紙面で田川市長は、「文化復興に力をつくされた永井さんを失つたということは文化都市として更生している市にとつて痛恨極りない」と述べている。四日に密葬が行なわれ、市議会で初の公葬を行なうことが可決された。このときの賛成演説では、「映画化された『長崎の鐘』は見る者の涙をしぼらせ、絶えず死の陰に追いかけられながらも、謙虚な気持で原爆都市長崎を世界に宣傳、同情を求められた」とその功績が述べられている（一九五一年五月一一日）。一四日、永井隆の公葬が浦上天主堂で行なわれ、約一万人が参列した。弔辞は三〇〇通に及び、そのなかにはローマ教皇、吉田首相、林衆議院議長、佐藤参議院議長などの名前も含まれていた。正午には、永井を悼んで長崎市中のサイレン・凡鐘・汽笛が鳴り渡ったという。翌一五日の新聞には内閣総理大臣吉田茂の弔辞が掲載されるとともに、「全市に溢るゝ哀愁の涙」という見出しで、葬送行列は「世界のナガイ」の野辺の送りにふさわしい盛観だったと報じられた。

被爆から五年が経ったが、原爆被害の報道は依然として少ないままだった。朝鮮戦争が勃発し、レッド・パージが強まるなかで、反占領軍的な「平和運動に名をかる不穏な行動」が警戒され、文化祭も中止に追い込まれる。そのようななかで、長崎市は海外に「ピース・フロム・ナガサキ」をアピールすることで、復興資金の獲得を目指していた。「さあれ尊き　にえのもと／わが長崎が　あがないし／世界の春の　あさぼらけ」文化祭で歌われる予定だったこのピース・フロム・ナガサキをテーマとした歌詞は、キリスト教の神に対する犠牲という意味合いはないものの、燔祭説の影響を受けたものとも受けとれる。しかし、以前のように燔祭説そのものが紙面で詳細に提示されることは、キリスト教関係者も含め、なくなっていった。一方で、永井隆を含むカトリック教界の平和運動が紙面上で目立ってくるが、それは、「神様どうかロシアが改心して世界に平和が訪れますように……」というカトリック系ミッションスクール、純心学園の祈りに見られるように、反共性を内在したものでもあった。

死を目前に、永井隆はいよいよ脚光を浴びる。カトリック教界の頂点に位置するローマ教皇は、「日本國民の亀鑑である」と称賛し、日本国総理大臣は社会教育上寄与したと表彰状を贈り、長崎市は「原爆都市長崎を世界に宣傳」した功績から、初の公葬を行なった。占領軍、カトリック教会、マスコミ、長崎市のそれぞれの思惑のなかで、永井の存在は焦点化されていったのである。

二　焦点化する永井隆

占領下での原爆被害を意味づける語りは、被爆から約半年を経た永井隆に関わる報道から見られるようになる。もちろん検閲という要素もあるが、混乱のただなかにあっては、その被害を意味づけて語ることは難しい。原爆被害の意味が語られるようになったのは、急性放射線障害による死者が一段落し、原爆がもたらした被害の全容を曲がりなりにも市民が把握することができたあとのことであった。以下では、この占領期の長崎における原爆の語りを、占領軍との親和性、永井隆の燔祭説の影響力という観点から考察してみたい。

占領軍との親和性

前章で触れたように、永井隆の言説と占領軍との親和性は、早くは一九五〇年代半ばから指摘されている。このことについて、燔祭説と反共性をキーワードに検討してみる。

燔祭説を含む永井隆の言説と占領軍との親和性がこれまで批判されてきた根拠には、一九四八（昭和二三）年に占領軍の検閲によって「マニラの悲劇」と抱き合わせて出版されることとなった『長崎の鐘』の特殊な出版経緯と、一九四七（昭和二二）年の七月に占領軍の広報によって永井隆の姿が紹介されたことがあげられる。いまひとつは、高橋眞司の指摘に代表される、永井隆の燔祭説を含む思想そのものに内在する「神への犠牲により平和がもたらされた」と原爆被害を理解するとき、原子爆弾の投下者の責任に目が向けられることはないというロジックである。

たしかに、燔祭説のロジックがアメリカの原爆投下責任を追及するものではないということは、永井隆が占領軍に広報され、占領軍の検閲下で燔祭説を含む被爆体験記が出版を許可された大きな理由のひとつだと言える。永井の原爆の語りは、占領軍のお墨つきを得たものであり、それゆえに、一九四八年半ばまでの長崎において、原爆被害を意味づける語りは永井隆の燔祭説に収斂した。しかし、これは従来のように、ただ永井一人と占領軍との関係において説明できるものではない。占領軍に加担したという永井の思想への批判は、当時の長崎の言説全体を視野に捉え直す必要があると考える。

燔祭説以外の主要な占領下における原爆被害の意味づけには、一九四八年半ばに登場する国際文化都市が建設されることによって原爆死に意味を見出す、国際文化都市建設のための礎論とも言うべき語りがあげられるが、これはうがった見方をすれば、原爆被害のおかげでいまの繁栄を得ることができたともとれ、特別法を制定することによって恩恵を与えたのは日本国政府およびアメリカである以上、これら双方に責任を追及するという視点は出てこない。このほかに短文で示される意味づけも、「人類文化の貴い犠牲」「平和のいけにえ」「終戰のぎせい」「世界平和への洗禮」という、あいまいでポジティヴなものに対する犠牲であり、「良いもの」に対する犠牲であるために、そこに投下者への批判的な視点を見ることはできない。占領軍に加担したという永井の思想への批判は、長崎市を含む、当時の長崎の言説全体にあてはまるものと考える。

とくにこれは、海外を視野に原爆被害を訴える際に、顕著になる。占領期の日本人の海外渡航は、新聞で取り上げられるほど珍しかったが、そのなかには複数の被爆者を含むキリスト教関係者の姿があった。戦後初期に、海を渡った著名な被爆者は、広島を含め、牧師や司祭、ミッションスクールの教師などのキリスト教関係者である。検閲により日本国内での原爆被害報道が抑えられるなか、海外の新聞・雑誌で伝えられる彼らの発言は興味深い。たとえば、デ・モイン・トリビューン（"Des Moines Tribune"）に掲載された岩崎やすの原爆体験のなかで、岩崎は、「"But I feel now, and the mass of the Japanese feel that it stopped the war," she said. "We are glad."」（1949. 9. 7）と語っている。彼女は留学に際してアメリカ人に宛てた長崎市長のメッセージを寄託されていたが、それには、前述のように"The atomic disaster is spoken of by the citizens of Nagasaki as a baptism of fire, because it converted the Japanese nation into followers of peace."という一文があった。海外渡航者の珍しいこのころ、長崎市長が岩崎にメッセージを託したのは、アメリカのキリスト教関係者からの財政援助を期待してのことと推察される。前記の状況のなかで、このような語り方は、原爆投下責任を追及せず、原爆投下国の国民に対して同情を訴え、寄付を募るためのひとつの戦略だった。[★25]

次に、永井隆の言説における反共性に対する批判を見てみたい。これは、これまで、永井隆個人の反共性ということで批判をされてきたが、以下では、これを長崎のカトリック教界、そして長崎全体に広げて考察を行なう。永井の著作には、反共的な語りが見られるが、当時のカトリック教界の動向を考えれば、反共的な側面は、当時のカトリック教会の方針に即したものであることがわかる。たとえば、前出の「長崎日日」に掲載されたカトリック系ミッションスクール、純心学園の例は、カトリック長崎司教区の広報紙には、次のように記載されている。「毎日未信者を含む約二五〇名の生徒が集つて、ソ連の改心によつて戰爭と、赤色ドレイ化とから人類が救われるように祈りつゞけている」（「『平和』を求めてソ連の改心を祈る制服の乙女たち」「カトリック教報」一九五一年二月一日）。朝鮮戦争の勃発に際して、ソ連の改心と赤色ドレイ化から人類が救われるように祈ることは、当時の長崎のカトリック教界の考える「平和」運動のひとつだった。長崎のカトリック教界の反共性は鮮明であり、これは当時のカトリック教界の世界的な方針に沿ったものだった。永井の言説の反共的な側面は、永井一人に帰するものではなく、当時のカトリック教界の方針に由来するものであると言える。ひるがえって長崎における言説空間を考えると、一九五〇（昭和二五）年の朝鮮戦争勃発以後、「平和運動に名をかる不穏な行動」が警戒され、文化祭すら開催を阻まれるなかで、永井隆を中心としたカトリック関係者の平和運動は、新聞で頻繁に取り上げられている。占領軍にとって、これらのカトリック関係者の平和運動は、反共性をもつという点で、安心できるものだった。一方、長崎市にとっては、海外から財政援助を得るという観点から、「ピース・フロム・ナガサキ」をアピールして長崎の存在を知らしめることが重要であったが、そのために、占領軍のお墨つきのある永井隆の存在は、「平和」という言葉を使いつつ、占領軍に警戒されることなく「原爆都市長崎を世界に宣傳」することのできる絶好の広告塔であった。

占領期の長崎における燔祭説の位置

占領軍の検閲がはじまる以前においては、そもそも原爆被害が意味づけられることはなく、燔祭説も登場していない。一九四五（昭和二〇）年一〇月の占領軍の検閲開始以降、一九四八（昭和二三）年半ばまでは、原爆被害の報道が抑制されるなかで、原爆被害を意味づける語りが詳細に見られるのは、永井隆を取り上げた記事のみであり、そこで提示されたのが、燔祭説だった。この時期、原爆の語りは、燔祭説に収斂する。しかし、新聞紙面上においては、永井あるいは「浦上の人」という別の集団の語りとして、距離を取った書き方がされていた。

一九四八年半ば以降、「ピース・フロム・ナガサキ」という標語が用いられるようになるとともに、長崎国際文化都市建設法が制定され、原爆被害を戦争の悲惨さと結びつけて反対する論調に加え、国際文化都市建設の礎論とも言うべき語りが見られるようになった。この時期、永井は旺盛に著作を発表し、国会での表彰を受け、長崎市の名誉市民となるなど、いよいよ脚光を浴び、紙面にもよく登場するが、それらは「長崎の原爆、平和に関わる有名人」としての永井を取り上げたもので、燔祭説が提示される機会はなくなっていった。朝鮮戦争勃発以後、永井の死に至るまで、この傾向は変わらない。

これを見ると、原爆被害の意味づけが燔祭説に収斂し、占領期において燔祭説がもっとも影響力をもったと考えられる一九四八年半ばまでにおいても、カトリック教界外部においては、燔祭説に影響を受けた原爆の語りは見られず、一九四八年半ば以降には、原爆の語りの大きな潮流として、他の長崎国際文化都市建設の礎論が登場し、永井隆に関する記事は多く見られるものの、そこで燔祭説が提示されることはなかったということがわかる。

以上のことから、つねに影響力があることが前提とされていた永井隆の燔祭説の影響は、永井隆がもっとも脚光を浴びた占領期にあっても、長崎の言説空間においては局所的だったと結論づけることができる。このことは、占領期以外においても、従来前提とされていた永井隆の原爆に関する言説への影響力は、より小さい可能性があることを示唆する。かつて高橋眞司は、次のように永井に対する批判を展開した。

「まさに聖者の面影がある」とジャーナリズムにもてはやされ、一連の政治的セレモニーによって永井隆が政治的引き立てを蒙ったとき、その華やかな脚光のかげで、長崎の被爆者たちは沈黙を余儀なくされ口をつぐまざるをえなかった。★26

永井隆の占領軍との親和性はこれまでも指摘されてきたが、それはつねに永井隆一人の思想と占領軍との関係に対する批判だった。しかしながら、前記の流れを踏まえて考えるとき、永井隆の原爆被害と平和の象徴としての地位は、占領下という状況のなかで、占領軍とマスメディアによって、作られたものでもあったということができる。占領軍にとって、永井隆の原爆の語りおよび平和運動は、原爆投下の責任を追及せず、反共的な側面をもちつつ、抽象的な平和を訴えるという点で、好ましいものだった。一方、長崎市政において、永井隆の存在は、占領軍に警戒されず、「ピース・フロム・ナガサキ」という標語を使い、原爆被害をきっかけとした国際文化都市としてみずからの存在を広く世界にアピールする格好の象徴であった。また、連合軍占領下の日本を絶好の布教の機会とみなし、日本への布教を強化していたカトリック教会にとって、カトリック思想に基づいた著書を旺盛に執筆し、「原爆の聖者」として日本のマスメディアに発言力をもつ永井隆の存在は、宣教の広告塔としての意義をもっていた。このような占領軍、長崎市、カトリック教会の思惑が交差する場所に、永井隆の存在があった。「原爆の聖者」としての永井像が作り上げられたのは、まさに占領期だったと言える。

永井隆の燔祭説の影響というよりは、むしろ占領下のマスメディアの偏向した報道と、「愼しく冥福を祈り　發展へ文化祭の歡喜」「慘禍より今日の光榮　華々しく文化都市の門出を祝う　犠牲者の御靈安かれ」などという見出しの躍る、国際文化都市の建設という輝かしい語りの陰で、継続する原爆被害が詳細に報道されることはなくなっていった。宇吹は、一九四五年九月下旬以降、「原爆被害者の直接的体験は、時間的には一九四五年八月の六日と九日に、また、空間的には広島と長崎に閉じ込められてしまった」[★27]と述べているが、長崎において、原爆被害は長崎市域のなかでも直接の被災地域に閉じ込められ、地方紙の紙面上にすら登場することはなかった。占領期の長崎の言説空間において、被爆者の苦痛が掬い取られることはなかったのである。

第四章　永井隆からローマ教皇へ
——純心女子学園をめぐる原爆の語り

カトリック信仰に支えられた燔祭説の影響をもっとも強く受けたと想定されるのは、教会組織やミッションスクールなどのカトリック集団である。本章では、長崎市のカトリック系ミッションスクールのなかで最大の原爆死者を出した長崎純心高等女学校（現・純心女子学園／以下：純心）を対象に、原爆による甚大な被害がどのように語られてきたのかを考察することで、燔祭説の受容と変化を提示したい。永井の燔祭説をめぐる原爆の語りを中心的に生み出してきた純心というカトリック集団において、戦後七〇年間にわたり燔祭説はどのように受容され、変化してきたのだろうか。資料としては、主に純心の刊行物（学校史、被爆体験記集、学校新聞など）を用い、学校関係者への聞き取りや慰霊祭への参与観察を交えつつ、歴史の物語論を参考に分析することとする。

純心を対象とする理由は、まず、純心が永井隆の著作のなかで、燔祭説の主要な旋律をなしていることである。ベストセラーとなった『この子を残して』のなかで、長崎純心高等女学校の生徒の最期が記述される次の部分には、『長崎の鐘』の「原子爆弾合同葬弔辞」の部分と同様、燔祭説が強く現われている。[★1]

純心の生徒たちは、工場に動員されていたが、燃ゆる火の中で讃美歌をうたいつつ、次々息絶え、灰になつていつた。それはまつたく古の神の祭壇にけがれなき子羊をささげ燃やして神の御意を安らげた燔祭さながらであつた。ああ、第二次世界大戰争の最後の日、長崎浦上の聖地に燃やされた大いなる燔祭よ！

燔祭の炎のなかにうたいつつ　白百合少女燃えにけるかも[★2]

この「燔祭のうた」が、いまも純心女子学園で歌い継がれていることもあり、永井の燔祭説を表わす主要な例として純心が取り上げられる場合も多い。

次に、原爆により大きな被害を受けた他のカトリック集団、浦上教会などの教会組織あるいは同様に永井の著作に登場する常清高等実践女学校[★3]に比べ、原爆の被害を記した分析対象となる資料が多いことである。学校新聞、学校史などに加え、一九六一（昭和三六）年に発行した『純女学徒隊殉難の記録』[★4]は、長崎の被爆した中等学校が学校組織として出版した被爆体験記集のなかでは、もっとも早いものであり、一九九五（平成七）年現在第四版を数え、高木俊朗の著作『焼身』[★5]『新版　焼身』[★6]の元となり、『日本の原爆記録⑤』[★7]に再録されるなど、長崎を代表する被爆体験記集となっている。さらに、現在も原爆死者の慰霊祭を行なっているが、これはタイマツ行列と平和祈願ミサを除き、長崎のカトリック集団のなかで、終戦直後から継続して行なわれている唯一のものである。以上のことから、純心は今日、永井の燔祭説をめぐる原爆の語りを中心的に生み出す集団と言える。

一　純心の沿革と学校の被害

主に『創立五十周年記念誌』[8]、『長崎純心聖母会の五十年』[9]などを参考に、純心の沿革と学校の被害を概観したい。

一九三四（昭和九）年、修道会「長崎純心聖母会」が長崎教区長の早坂久之助司教により創設された。この長崎純心聖母会は教育事業に着手し、翌一九三五（昭和一〇）年、西中町の天主堂境内に落成した聖母幼稚園の二階を仮校舎として「純心女学院」の設置認可を受ける。一九三六（昭和一一）年には「長崎純心高等女学校」として高等女学校の認可を受け、さらに翌年、約六〇〇〇坪の新校舎（家野町／現・文教町）に移転して純心幼稚園を併設、一九四〇（昭和一五）年には純心保母養成所を設立した。このように教育機関として産声を上げた純心であるが、戦争が長期化し激しくなるにつれ、純心の学校教育も影響を受けるようになる。一九四二（昭和一七）年、運動場の片隅にあった旧純心幼稚園の階下に「学校工場」が設けられた。一九四四（昭和一九）年二月には、専攻科生および高等女学校四年生が「純女学徒隊」として軍需工場に動員されるようになり、翌年五月には二年生以上の全員に動員が拡大した。

一九四五（昭和二〇）年八月九日の原爆投下により、爆心地から一・四キロにあった長崎純心高等女学校では、校舎、寄宿舎、幼稚園などほとんどが倒壊全焼し、職員・生徒二一四人[10]が学校および動員先の工場、自宅で死亡した。長崎市内の高等女学校のなかでは、最大の死者数である。『純女学徒隊殉難の記録』[11]四版巻末の「純女学徒隊殉難者名簿」[12]により、死者の内訳を表1に示す。

表1　長崎純心高等女学校の原爆死者内訳　位：(人)

	工場単 ※	学校内	自宅	統計
職員	2	4	1	7
生徒	134	1	71	206
計	136	5	72	213

『純女学徒隊殉難の記録』四版より筆者作成
※三菱重工業株式会社長崎造船所造機工作部第三機械工場

生き残った長崎純心高等女学校のシスターたちは、被爆直後から生徒の捜索、救護あるいは遺体確認にと奔走した。[★13]全焼した学校にはつぎつぎと消息を求める肉親が訪れ、校庭では連日火葬が行なわれる。そして終戦を迎えた学校では、生き残った職員・生徒の手で焼け跡の整理が行なわれた。被爆から二ヵ月後の一〇月、海軍航空廠の女子工員宿舎跡(大村市植松町)を借り受け、授業を再開することになった。一九四七(昭和二二)年、大村市で新制の純心中学校が発足。さらに長崎純心女子専門学校が開設され、純心保母養成所も再開された。一九四八(昭和二三)年、長崎純心高等女学校は新制の「純心女子高等学校」となり、被爆した校舎跡地(家野町)に分校を開設。翌一九四九年には、大村市の土地を返還しなければならないという事情もあり、被爆した家野町の校地に復帰することになった。こののち、一九五〇(昭和二五)年に保母養成所と専門学校を合併して純心女子短期大学が開学し、一九七五(昭和五〇)年にはキャンパスを三ッ山町に移転。一九九四(平成六)年に長崎純心大学、さらに二〇〇〇(平成一二)年には大学院が開設された。二〇〇七(平成一九)年に純心保育園(文教町)が開設され、現在では幼稚園・中学校から大学院までを擁する「学校法人純心女子学園」として教育活動を行なうほか、[★14]設立母体である純心聖母会が恵の丘長崎原爆ホームなどの老人ホーム(三ッ山町)を経営している。

二　純心女子学園をめぐる原爆の語り

純心女子学園における原爆の語りを慰霊碑の碑文、慰霊祭および学校による出版物を中心に、恵の丘長崎原爆ホームの例も交えつつ辿ってみる。

一九四五（昭和二〇）年から一九六一（昭和三六）年まで

この時期については、当時の「カトリック教報」[★15]「長崎日日」などの資料を補いつつ概観する。

一九四五年一〇月九日、大村市に移転する前日に、焼け野原となった校庭に生き残った職員・生徒が集まり、原爆死者のための慰霊祭が行なわれた。弔文などの詳細は不明だが、これが最初の慰霊祭である。[★16]翌年三月、来賓として永井隆も出席し、大村市で卒業式が行なわれた。このとき「お国の勝利を信じて散って行った子らにわびるかのごとき校長先生の涙ながらのご訓示」[★17]があったとのちの手記に綴られている。同年から数年間かけて、校長江角ヤスをはじめとする純心の教師たちは、長崎市近郊から五島地方に至るまで原爆死した生徒の遺族を訪ね、墓参りをした。[★18]

一九四七（昭和二二）年八月一〇日、『祈』に明け暮るゝ　神に召された學友の思出も清く　その後の純心女學校」という見出しで、原爆被害の回想を交えつつ、大村市に移転した純心の様子が、「長崎日日」に掲載された。このなかで、シスターたちがいまもなお忘れられないと語ったのは、「諫早の縣立結核療養所に収容された重傷の生徒達が死の間際まで〝サルベレヂオ〟の聖歌をうたいつゞけ神に召される誇りを喜びながら静かに昇天していった」ことだった。続けて、校長江角ヤスは、次のように述べている。

原子爆弾こそは新しい世界平和への洗禮であり、これに殉じて天に召された人達は誰もが平和の女神ともいうべきでしょう、戰争がはじまつた十二月八日は奇しくもマリア様の無原罪の宿りの日、終戰の八月十五日は聖母の被昇天の日でどちらも大祝祭日です。マリアさまは新しい平和日本の出発に特別に目をかけておられると私はかたく信じております。

ここではすでに、讃美歌を歌いながら亡くなった生徒の話が、感動的なエピソードとして語られている。終戦の日が「聖母の被昇天の大祝日」[★19]であるということに意味を見出している点は、一九四五年一一月二三日に読まれた永井隆の「原子爆彈死者合同葬弔辞」においても共通しているが、原子爆弾を「世界平和への洗礼」と捉え、原爆死者を「平和の女神」とする点は、宗教的な用語を使用しているものの、燔祭説とは異なった捉え方と言える。

一九四八年三月、永井隆の手紙が純心に届いた。そこには、永井が純心の生徒の原爆死を思って詠んだ「燔祭の　ほのほ乃中にうたひつつ　しらゆりをとめ　燃えにけるかも」という短歌[★20]に木野普見雄が曲をつけた、「燔祭のうた」が同封されていた。このときの手紙が、一九六一年発行の『純女学徒隊殉難の記録』に収録されているが、そのなかで永井は、歌を作った経緯を次のように記し、みずから声に出して歌ってみようとしたら涙が溢れてむせてしまったと語っている。

天主をたたえる歌をうたいつつ、炎より熱い信仰に燃えて、天に昇りゆく純潔の子よ。召されたる汚れなき子羊よ。

私がそれを想っていたら、ひとりでに口をついて出た歌がこれでした。[★21]

一九五六（昭和三一）年および『純女学徒隊殉難の記録』に収録された一九六一年の木野の手記に永井が作曲を依頼した手紙が引用されているが、このなかで永井は、燔祭を次のように説明している。

燔祭は旧約時代、祭壇でけがれなき子羊を燃やし、犠牲にささげ天主に祈つた祭りです。あの日の火を世界平和を祈る人類の大燔祭とみなし、亡くなつた人々はみな汚れなき子羊であつたと信じます。[★22]

また、「しらゆりをとめ」という言葉については、「白百合は純潔、純心のシンボルです」と説明している。これ以後、ほかならぬ永井隆によって、純心の原爆の語りに原爆投下を燔祭とし、亡くなった生徒を「汚れなき子羊」と捉える燔祭説の影響を受けた原爆の語りが加わることになる。

同年七月には「發展めざましい純心學園」として、「原子爆彈でたおれた生徒が信者未信者を問わず聖母賛歌をうたつて安らかな最後をとげたのに父兄が感激、その妹を本校にたくしたものも多い」と「カトリック教報」に紹介されている（一九四八年七月一五日）。また八月九日には、長崎放送局から純心・常清両校生徒の「あの日に於ける美しい最後」がラジオ放送され、純心では追悼ミサのあと、「燔祭のうた」の発表会が行なわれた（「カトリック教報」一八四八年八月一五日）。そして九月、純心の生徒の最期が描かれた前述の永井隆の著作『この子を殘して』[★23]が発刊され、一九四八、九年のベストセラーとなる。一九四九（昭和二四）年五月には、原爆死した職員・生徒の慰霊のために校墓碑「慈悲の聖母」（写真2）が建立され、教皇の名代として来日していたシドニー大司教ギルロイ枢機卿の手で除幕式が行なわれた。この碑の正面には永井の詠んだ「燔祭のうた」の本人の書（写真3）が、左右の銘板には原爆死者の名前が刻まれており、裏には次のような碑銘がある。

聖母の子等二百四名は　若き學徒の身を以て工場に動員を命ぜられ　祖國の為によく祈り　よく

写真２　校墓碑　慈悲の聖母
〔2008 年 6 月 14 日筆者撮影〕

写真３　慈悲の聖母正面銅版
〔2008 年 6 月 14 日筆者撮影〕

働いて居られましたが　原子爆彈の為　聖母讃歌を歌いつつ　清らかな美しい殉職の最後をとげられました　正義と仁慈に在す天主様はこの犠牲を嘉納せられ　千九百四十五年八月一五日聖母被昇天の祝日に平和がもたらされました

「校墓をつくって殉難者の分骨を納め、慈悲の聖母像を安置した」[★24]とあるように、これは慰霊碑であるとともに、墓でもある。「校墓」と呼ばれるが、高等学校の敷地内に遺骨や遺髪、遺品を納めた墓があるのは珍しく、広島を含めてもほかに例がない。また、長崎の慰霊碑のなかでも、比較的早い時期の建立である。ここでは、やはり生徒たちが、讃美歌を歌いつつ、清らかに美しく亡くなったことが語られ、その犠牲によって聖母被昇天の祝日に平和がもたらされたと、燔祭という言葉は使われないものの、燔祭説に沿った原爆死の理解が提示されている。同時に、生徒の死を「祖国のための殉職」と定義し、それを称える要素も見ることができる。

一九五〇（昭和二五）年一月、アメリカに留学中の純心女子学園の二人のシスターに関する「カソリック・ライト紙」掲載記事が、「長崎日日」で取り上げられたが、そのなかで江角校長は、「先生、生徒二百四名が血だるまになり苦しい息の下から神の名を呼びつゝ合唱のうちに昇天して行つたその美しい気高い行爲をたたえると共に、これらの死を平和のいしずえとしてますます世界永遠の融合を固めて行こうとする信念にもゆる」（一九五〇年一月一一日）と紹介されている。ここでは、従来の美しい死を称える語りとともに、「平和のいしずえ」という言葉も見受けられる。同年、『平和百人一首』[★25]のなかに永井の「燔祭のうた」が収録され、さらに他の二首とともに「平和を讃える歌」に選ばれ、山田耕筰が編曲して世界各地の音楽団体や学校に贈られることになった（「カトリック教報」一九五一年七月一日)。一九五四(昭和二九)年には、かたおかやきち[26]による「聖母の歌と女学生のさいご」という童話が「カトリック教報」に掲載され、そこで純心の生徒の死が次のように描かれている。

女學生は、どうていさま[27]の腕の中で、マリアさまのうたをうたいながら、にっこりとほゝえんで死にました。カーキー色の作業服も、白い腕章も、ぼろ〳〵にこげて破れ、顔はどろと血でよごれていましたが、然し、その死に顔は天使のようにけだかく見えたそうです。このように純心の生徒たちは、道ばたでも、お家でも、病院でも、マリアさまのうたをうたいながら、よいさいごをとげました。

(一九五四年一一月一日)

また一九五九(昭和三四)年には、演劇部が「燔祭」という題名で第二回全国放送劇コンクールの九州大会に出場した[28]。一九四九年の校墓碑の建立以降、碑前で行なわれる慰霊祭では、木野作曲の「燔祭のうた」がいまも歌い継がれている。

一九六一(昭和三六)年以降

この時期については、純心における原爆の語りの中心となる純心女子学園発行の二つの被爆体験記集、『純女学徒隊殉難の記録』および『被爆五十周年記念誌[29]』の比較を軸に、「純心広報[30]」、「同窓会だより[31]」などの資料を補いつつ概観することとする。

一九六一年、被爆体験記集『純女学徒隊殉難の記録』一版が発行された。これは、「学園の復興が、戦争で、原爆ではらわれた犠牲の上になされてきたものであることが、これにより公に明示された[32]」

と学校史上で評価されるように、純心の原爆の語りの中心に位置する出版物である。同時に、「純女にとって、原爆は〝燔祭〟ととらえられたのである」[★33]と評されるような、特徴的な語りを有するものだった。さらに、純心というひとつの学校の枠にとどまらず、「あの広島の原爆の記録に多く見られるような、人間不信も呪いも憎しみもない。ただただ、祈りがある」[★34]、「もっとも静かな訴えをひびかせる内容であると同時に、広島と長崎の文化風土の違いも伺わせてくれる」[★35]あるいは、『『広島の怒り、長崎の寛容』といわれた所以であろう」[★36]という記述に見られるように、広島と比較して「憎しみ」や「怒り」のない、長崎における特徴的な原爆の語りを表わした被爆体験記集とも評されるものである。序には、次の一文がある。

祖国の危急の時に、一三才から一六才までの純女学徒隊の生徒たちが、いかに愛国の熱情に燃えて、祈り、働き、困苦に堪えられたか、そしてついに原子爆弾をうけて、いかに清らかに、け高く、殉難されたかの、悲しくも尊い記録を集めて、校宝として、のこすことにいたしました。

ここでは、国のために働いた生徒たちが評価されるとともに、原爆死した生徒の死にざまが「校宝」[★37]として捉えられ、死者の顕彰の要素が強く現われている。

本の構成を見ると、扉に前述した「純女学徒隊殉難者の校墓」の正面写真と背面の碑銘が掲載され、九四点の被爆体験記が収録されている。その後ろには「燔祭のうた」という項が設けられ、永井隆直筆の短冊写真が掲載されるとともに、次のように説明されている。

> 「み母マリア……」と息絶えようとするまぎわまで聖母讃歌をうたいながら原爆に散った純心高女生徒たちの臨終をしのんで永井隆先生は燔祭の歌を詠まれた。昭和二十三年のことである。これには木野普見雄先生の曲がつけられ、それからずっと八月九日純心女子学園で行われる年毎の慰霊祭には涙ながらにこの歌を全学園生徒がうたう。★38

このあと、この歌が永井によって詠まれた経緯の説明に続き、前述の一九四八（昭和二三）年三月一〇日付の本人からの手紙が引用され、さらに、楽譜とともに作曲者木野普見雄による「燔祭のうたの作曲にいつて《（ママ）》」という手記が掲載されている。このなかで木野は、永井からの依頼の手紙を読み、「燔祭のうた」を作曲した際の様子を次のように記している。

> 読んでゆくうちに私は胸のうずく感動を覚えた。乙女たちが苦しみもだえつつ、あえなく逝ったその悲惨な姿が目に浮んでくる。その痛ましいまでの感情を五線の上にどう表現したらよいのか。私の心音はただただ敬けい《（ママ）》な祈りの声そのものであった。そして何のためらいもなく楽想のわくままにペンを走らせた。悲しみとその悲しみを越えた大らかな讃美の旋律を……★39

このように、『純女学徒隊殉難の記録』一版は、本の構成として永井の燔祭説に影響を受けた原爆の語りを打ち出し、そこに明確な死者の顕彰の要素を見ることができると言える。

内容を見ると、九四点の被爆体験記のうち、五点に燔祭という言葉が使用されている。使用箇所は表2の通りである。ここでは、宗教的な用語である燔祭という言葉が、原爆死を神への犠牲と捉える特殊な用法で使用されている。この使い方は永井によって提唱されたものであり、したがって、これらの語りは、永井の燔祭説に影響を受けたものと言うことができる。前記では、「燔祭」という用語は、定型的な文句として使用され、宗教的な背景をもつ肯定的な意味を原爆死に与えている。いずれも、当時純心聖母会のシスターであったか、あるいはのちにシスターとなった人の手記中で使用されており、純心関係者のなかでももっとも宗教色が濃い人びとにより、「燔祭」という言葉が使用されていることがわかる。

ただ、純心の「人間不信も呪いも憎しみもない」と評される特徴的な語りは、この「燔祭」という言葉のみによって、醸し出されているものではない。それはたとえば、糸永の綴るような「『平和のはん祭』にふさわしいきよらかなご最後でした」という、「燔祭」という言葉に伴なう、清らかな美しい死にざまを示す表現によって補強されている。燔祭という言葉が使用されている手記は五点だが、「どこの病院、どこのおうちから伝えられるお話も、残らず立派なご最期で克己、忍耐、犠牲、隣人愛にひいで、聖母讃歌さえも歌っていったという[★40]」あるいは「痛いとか苦しいとか口に出すかわりに、美しい聖歌をうたっていたのである。どの子もみんな真実に立派で美しく、模範的な最期であったことは事実なのである[★41]」などのように、燔祭という言葉が使われず、美しい死を表わす表現が用いられる場合も多い。これはシスターに限らず、遺族あるいは生徒などの手記にも見ることができる。

遺族や生徒の手記における表現はさまざまであるが、全体として、主にカトリック教徒の遺族の手記では、「大きな喜びと平和のうちによき死を遂げ得た[★42]」あるいは「あなたの臨終の美しかったこと[★43]」などというように、美しい死であったと振り返る語りが目を引く。ときに「聖母様が天のみ国にお召しになったことゝ信じ、何の心のこりもございません[★44]」というような記述も見られる一方で、少数で

表２　『純女学徒隊殉難の記録』一版収録の手記中で使用される「燔祭」という言葉

「手記題名」著者名（肩書）	抜粋	頁
「あと始末」 糸永ヨシ （現在純心聖母会修練長、当時純心高女教諭・時津工場学徒監督）	まさしく永井先生のおっしゃる平和のはん祭となった純潔のおとめたちである。	40
「原爆のとき」 宇田ハツエ （純心聖母会修道女、当時長崎純心高女四年）	浦上一帯は夜空に明るくはえ、はん祭の炎は一晩中燃え続けていた。	75
「原爆を通して示された道」 谷口伸子 （純心聖母会修道女、当時長崎純心高女四年）	このように原爆を契機に、私の生涯を意義あらしめた計りしれぬみ摂理を讃美しながら常に思うことは、燔祭の犠牲として立派なお手本を残して行った人たちに負けないように、善き臨終を遂げたい、そして私にかゝわりある二つの家族たちにも、同じお恵みをいたゞきたいということです。	91
「ワレリア深堀ハツノ姉」 糸永ヨシ	昭和二十年九月十二日、先生はとうゝ新興善小学校の二階の大広間の一隅で、静かに息をひきとられました。「平和のはん祭」にふさわしいきよらかなご最後でした。	150
「テイ子」 姉　内野チト	慈悲の聖母様のみもとに憩う幾多の学徒こそ、あの日の悲しみを物語る人々です。私の妹テイ子も原爆落下の当日、工場に動員されておりまして、はん祭としてさゝげられました。	278

※下線は筆者
※著者の肩書は『純女学徒隊殉難の記録』初版出版の一九六一（昭和三六）年当時

はあるが、死者を英霊と捉えるものや、きれいな最期を迎えたことを殉国の心が厚かったためと説明する語りもある。[★45] また、友人の臨終のさまを述べつつ、美しい死とは描写しないものや、「これから先は涙が出てどうしても書けそうにございません。おゆるしくださいませ[★46]」と苦しみを吐露する記述もある。

一九七〇年に『純女学徒隊殉難の記録』の再版が出版されたが、一部の字句と写真のカットを除き、ページ数に至るまで内容はほぼ同じである。確認できた学校新聞のなかで初めて原爆の被害が詳細に取り上げられたのは、一九七五（昭和五〇）年の創立四十周年記念式典で片岡弥吉氏が行なった講演に関する記事である。このなかでは、「燔祭の炎のなかに……美しい最期をとげた乙女ら」と題して、「燔祭のうた」が次のように説明されている。

これは、永井博士が、純心の生徒たちが、聖歌を歌いながら、最期をとげたという、この美しい心を歌い上げたものなのです。この美しい心は、どうして養われたのか。この学園でこの美しい最期をとげる心を養われたのです。

（「純心広報」一九七六年二月二八日）

ここでは、「燔祭のうた」を媒介としつつ、生徒たちの「美しい最期」と純心の教育の意義が結びつけられている。同紙面に掲載された純心創立の歴史を扱った特集中の「原爆の炎にも堪え」という部分では、「生徒の殉難」に続き、「『恵の丘』[★47] にホーム　殉難生徒へのお供え」として、被爆時の校長でもあった学園長江角ヤスが次のような文章を記しており、以後、原爆の被害を語る際、しばしばこの恵の丘長崎原爆ホームの建設が合わせて記述されるようになる。

せめてもこの生徒たちへのお供えのつもりで、この子等に代わって、年老いた父上、母上……原爆孤老の方々への御奉仕が出来たらと、この恵の丘に昭和四十三年、ホームを建設し始めた。

（「純心広報」一九七六年二月二八日）

一九七七（昭和五二）年七月の放送朝礼で江角ヤスは、「『燔祭の歌』と慰霊祭」について語るなかで『純女学徒隊殉難の記録』を新一年生のクラスに一冊づつ配布するので読んでみて欲しいという指示のあと、「年が経っても（今年で34年経ちましたけれども）あの人たちの美しい、清らかな国を思う殉教は新鮮です」[★48]と述べている。

一九八〇（昭和五五）年出版の『純女学徒隊殉難の記録』三版では、前述の木野の手記の後に、同年寄せられた、被爆した生徒の行動から純心の宗教教育の徹底に感激したことを伝える永江又三郎氏直筆の手紙が加えられている。また、巻末の「純女学徒隊殉難者名簿」が改訂されるとともに、江角ヤスによる「あとがき」が加えられているが[★49]、このなかで江角は、自分は「原爆のあとかたづけ」のために生き残ったと述べ、「愛国少女たちの慰霊のために造りました」とホーム建設の動機に触れている。

一九九五年に発行された『純女学徒隊殉難の記録』四版では、さらに「純女学徒隊の方々の遺徳を賛え、これを末長く伝えるため／また、戦争の悲劇と核兵器の恐怖を訴え、真の平和を祈り」四版を発行した、との一文が巻末に加えられた。

翌一九九六（平成八）年、「純女学徒隊をはじめ、被爆なされた方々の手記をどうしても後世に残したい」[50]という思いから、『被爆五十周年記念誌』が出版された。構成を見ると、扉には校墓碑「慈悲の聖母」を含む写真があり、純心関係者の被爆体験記三七点および恵の丘長崎原爆ホーム利用者の被爆体験記四点、平和や戦争についての中高生の感想文一二点が収録されている。このほか、被爆五十周年記念慰霊祭、世界平和のロザリオの祈り[51]、平和学習[52]についても紙幅が割かれ、「あとがき」には、「二度とあの悲惨さを繰り返さないためにも純女学徒隊の先輩の方々の強い願望を胸に深く刻み、世界平和の実現を希求していかなければならない[53]」と記されている。

このうち第二章の「御魂よ安らかに――学園被爆五十周年記念慰霊祭――」には、慰霊祭の際の「慰霊の言葉」が掲載され、このなかで理事長の糸永ヨシは次のように述べている。

お国のために死ぬのだから泣かないでと却って親を慰め、或は又、学校や校長先生にお礼やお詫びを伝言するなど、祈りながら聖母讃歌をさえ歌って逝かれたという、皆様はまことに純心聖母の子に相応しい、まさしく、永井隆先生のおっしゃる平和の燔祭となった純潔の乙女たちでした。[54]

また、第三章では、一九八三（昭和五八）年の国連フェローシップ来校時に高校生代表が述べた歓迎の言葉が収録されており、原爆と純心のあゆみを紹介するなかで、燔祭のうたの由来と八月九日の慰霊祭で歌い継がれていることが言及されている。

興味深いのは、第四章に「あの子等に代って――『恵の丘長崎原爆ホーム利用者の記録』――」として四点のホーム利用者の被爆体験記が収録されていることである。恵の丘長崎原爆ホームは、純心の実質的な創立者であり、被爆時の校長でもあった江角ヤスの尽力により、一九七〇（昭和四五）年に開設した。これらの手記の前には、「恵の丘長崎原爆ホームについて」という社会福祉法人純心聖母会職員シスター高平美智子による次のような説明がある。

「あの日のことは思いだしたくもない。」と言っていた入居者達は、ローマ教皇ヨハネ・パウロII世、天皇・皇后両陛下[★55]をはじめ国内外からの来訪者と接しているうちに、戦争のない平和な世界の実現のためには、世界中の人たち、特に次の世代を担う子供達に戦争や原爆の悲惨さ、平和の尊さを知ってもらう必要がある、そのためには被爆の体験を語り継いでいかなければならないと「体験継承の使命」を強く自覚するようになり、積極的に語り部の役を引き受けるようになった。[★56]

ここでは「ローマ教皇ヨハネ・パウロII世」[★57]の名前があげられ、永井隆の燔祭説をめぐる原爆の語りとは別様の語りが提示されている。

収録された被爆体験記の内容を見ると、四一点のうち二点に燔祭という言葉が使用されている。使用箇所は表3の通りである。いずれも手記の執筆者はシスターであり、一人は『純女学徒隊殉難の記録』で「燔祭」という言葉を使用した人と同一人物である。ちなみに、岩永の使用法は、「国家のための燔祭」という、本来の燔祭説のロジックとは異なるものである。このほか、依然として、「あの悲惨さの中で白百合のような死に方、その殉難が今私達に平和をもたらした」[★58]あるいは「神に召されて炎の中をうたいつつ命を捧げていった友達」[★59]などのように、燔祭という言葉は使用されないものの、生徒の原爆死の美しさを提示しつつ、燔祭説に沿った語りも見受けられる。『純女学徒隊殉難の記録』

掲載の被爆体験記との違いは、「断固として戦争の愚かさ、悲惨さを、戦争を知らない世代に語りつがねばならない」[★60]というような、原爆死した生徒の顕彰のためではなく、戦争の悲惨さを語り継ぐことに力点を置いた語りが複数見られることである。なかには、ヨハネ・パウロ二世の「戦争は人間の仕業です」という平和アピールを引用し、「あの恐ろしい灼熱の日を再びこの地上に招いてはならない」[★61]と述べるものもある。当時の教員でシスターだった深堀ナツは、[★62]以下のように被爆した生徒たちを描写している。

内も外も「水ば、水ば。」との泣き叫ぶ声にまじって「マリア様助けてください。」と泣き叫ぶ声。蒸し暑さと痛みに負けてまたすぐ「水ば、水ば。」との連発。これにはいかなる元気なシスターたちも「ちょっと待ってね。」と泣き出さんばかりだったとか。[★63]

このように、教師が被爆した生徒たちの様子を語る際に、美しさに言及せず詳細な苦しみを語る描写は、『純女学徒隊殉難の記録』では見られなかったものである。また、『純女学徒隊殉難の記録』でも見られたものだが、「今も家族に話していない、話せない。八月九日、この一日が暦から消えればよいのに」[★64]というような、被爆体験を語ることを拒む語りも見受けられる。

このように、複数の語りが見られるなかで、とくに本の構成上においては、恵の丘長崎原爆ホーム利用者の記録が加えられることで、一九六〇年の時点では見られなかったローマ教皇ヨハネ・パウロ二世の発言の影響を受けた原爆の語りが支配的な語りとして新たに登場することが確認できる。以下では、ローマ教皇ヨハネ・パウロ二世と恵の丘長崎原爆ホームの関係を見ることとしたい。

表3 『被爆五十周年記念誌』収録の手記中で使用される「燔祭」という言葉

「手記題名」著者名(肩書)	抜粋	頁
「今、私があるのは」 高女八回生　シスター 宇田ハツエ (純心聖母会)	学校は全焼しており、運動場が火葬場になっていて、燔祭の香りを漂わせていた。	101
「試練の時も主はいつも共におられる」 高女九回生　シスター 岩永欽子 (純心聖母会)	国家のために尊い燔祭となって天に召された数多くの級友たちに代わって、少しでも社会奉仕に若い日々を捧げることができたのも、純心聖母会を通していただいた神の計り知れない恵みによるものと感謝せずにはいられない。	139

※下線は筆者

ローマ教皇ヨハネ・パウロ二世の来日と恵の丘長崎原爆ホーム

一九八一(昭和五六)年二月二三〜二六日にかけて、カトリック教会の最高指導者であるローマ教皇ヨハネ・パウロ二世が初めて日本を訪れ、四日間の日程のなかで東京に次ぎ広島、長崎を訪問した。このとき、訪日プログラムのなかでもっとも注目を集めたのは、広島平和記念公園に集まった二万五〇〇〇人の観衆を前に、全世界に向けて九ヵ国語で発した、次の「平和アピール」だった。

戦争は人間のしわざです。戦争は人間の生命の破壊です。戦争は死です。この広島の町、この平和記念堂ほど強烈に、この真理を世界に訴えている場所はほかにありません。

もはや切っても切れない対をなしている二つの町、日本の二つの町、広島と長崎は、〈人間は信じられないほどの破壊ができる〉ということの証として、存在する悲運を担った、世界に類のない町です。

この二つの町は、〈戦争こそ、平和な世界をつくろうとする人間の努力を、いっさい無にする〉と、将来の世代に向かって警告しつづける、現代にまたとない町として、永久にその名をとどめることでしょう。……過去をふり返ることは、将来に対する責任を担うことです。広島を考えることは、核戦争を拒否することです。広島を考えることは、平和に対しての責任をとることです。★65

長崎においてヨハネ・パウロ二世は、「教皇歓迎集会」に集まった五万七〇〇〇人を前に長崎市営松山競技場でミサを行ない、七五人に洗礼を授けた。こののち、複数のカトリック関係地を訪れたが、このなかには、恵の丘長崎原爆ホームも含まれていた。教皇は、「わたしは、この恵みの丘――神の慈しみとお恵みの山――を訪れることなく、長崎の町をあとにすることは、できませんでした」と、恵みの丘長崎原爆ホームを訪れ、ここで原爆被爆者に対し次のメッセージを残す。

皆さんがきょうまで耐えてこられた苦悩は、この地球に住むすべての人の心の痛みになっています。皆さんの生きざまそのものが、すべての善意の人に向けられた最も説得力のあるアピール――戦争反対、平和推進のため最も説得力のあるアピールなのです。★66

教皇の来訪は広くマスコミに取り上げられ、キリスト教界を越えるインパクトを与えたが、なかでも長崎のカトリック教界にとって、特別な意義をもっていた。当時の長崎大司教の里脇浅次郎枢機卿は、この長崎訪問のもつ意義について、「約３００年間の迫害と殉教に耐えながら、聖なる信仰を伝え続けた多くの人々にとって大きな喜びであり、意義深いものがあります」と語っている。その実現は、「まさに奇跡」であった。[67]

一九八四（昭和五九）年に純心聖母会が発行した『長崎純心聖母会の五十年』には、巻頭にヨハネ・パウロ二世の写真と教皇代理のメッセージが掲載され、「パーパを恵の丘に迎える」と教皇の恵の丘訪問に紙幅が割かれている。さらに、訪問時の写真と教皇の原爆被爆者へのメッセージが掲載され、『原爆のあとかたづけ』を、修道会の任務の一つと考えるようになった純心聖母会にとって、これほど大きな喜びはなかった」[68]と記されている。そして、教皇の訪問による影響がもっとも明瞭に現われたのは、教皇が実際に訪れ、原爆被爆者へのメッセージを出した、恵の丘長崎原爆ホームにおいてであった。入居した老人たちは、ヨハネ・パウロ二世を前に、生きていてよかったと涙を流して喜んだという（「同窓会だより」一九八一年三月一〇日）。このとき、入居者の水浦シヲは、朝日新聞の取材に対し「幼い時から一度は教皇様にお会いしたいと思うとりました。もういつ死んでもええ」（「朝日新聞」一九八一年二月二七日）と語っている。

翌一九八二（昭和五七）年、恵の丘長崎原爆ホームは、入居者の被爆体験を収録した『原爆体験記』[69]を初めて発行した。巻末の「発刊に寄せて」では、ホーム訪問時の教皇のメッセージの引用に続き、その「生きた平和アピール」である入居者に被爆体験の収録への協力を依頼したところ、自分たちの体験が何かの役に立てばと快く引き受けてくれたという経緯が記述されている。[70]以後、『原爆体験記』は、継続して発行される。第二集の「まえがき」では、体験記の執筆について、教皇が広島で行なった平和アピールを引用したのち、「原爆の生きた証人として、老人たちがお応えできる最高の平和推進への協力」であると述べられ、[71]第四集の「あとがき」では、平和アピールの言葉に力づけられ、「被爆の生きた証人である入居者の方々と心を合せて、核兵器完全禁止と世界の恒久平和を願って」祈り続けていきたいと記されている。[72]『原爆体験記』は二〇一〇（平成二二）年現在二二集を数えるが、このうち、巻頭、巻末などで教皇ヨハネ・パウロ二世に関する言及がないのは、[73]第三、七、十二、十六、二十二集の五集のみである。『青空』[74]と改称した第十八集の「あとがき」には、次の文章がある。

> 私どもは『原爆ホーム』である以上、貴重な被爆体験を後世に残す義務があります。しかしながら当初、生き証人である利用者は「つらい出来事を思い出したくない。」と一様に口をつぐんだと言います。けれども教皇様のお言葉に背中を押され、利用者は被爆の体験を語り始めました。[75]

これは、前述した純心女子学園発行の『被爆五十周年記念誌』中の記述によく似ている。筆者は二〇〇九（平成二一）年に施設長であるシスター堤房代氏にインタビューを行なったが、この際に堤氏も多少の異同はあるものの、類似した語り方をしている。

> そのヨハネ・パウロ二世の訪問のときに、被爆者に向かって「あなた方が生きているということが世界に向かって平和をアピール」する、というメッセージでお話し下さったんですけれども、私たちの体験が役に立つならということで、体験を語り始めました。で、翌年に、原爆体験記の第一集が出されるんですけれども、そのはじめの言葉のなかに、「堰を切ったように被爆者が語り始めた」というあの、記録が残されています。[76]

このほか、一九八四（昭和五九）年六月九日にヨハネ・パウロ二世来訪を記念して本館の前庭に教皇の立像が建立され、その足元には、「皆さんは生きた平和アピールです」という碑文が刻まれている（写真4）。二〇〇九年現在、本館の玄関脇の書棚には、原爆ホームを訪れた歴代の内閣総理大臣らの色紙とともに、ヨハネ・パウロ二世の写真が飾られ、『ヨハネ・パウロII世ご来訪記念』のアルバムが収められている。また、別館には、教皇の来訪を記念して名づけられた「ヨハネ・パウロII世記念ホール」がある。

ここ恵の丘長崎原爆ホームでは現在、本館（一九七〇〔昭和四五〕年開設）・別館（一九八〇〔昭和五五〕年完成）それぞれにおいて、特色ある原爆の記憶を語り継ぐ取り組みが行なわれている。本館では『原爆体験記』（『青空』）が継続して発行されているが、別館ではこれとは別に、職員の聞き取りによる入居者の被爆体験などを収録した体験記集『被爆』を、被爆五〇・五五・六〇・六五周年の四回にわたって発行するとともに、一九九五（平成七）年から修学旅行生などに向けた被爆者による被爆劇の上演を行なっている。また、本館・別館ともに学校の聞き取り学習や新聞取材などへの対応を行なっている。★77

写真4　教皇ヨハネ・パウロ二世御来訪記念立像
〔2009年9月8日筆者撮影〕

このように、恵の丘長崎原爆ホームは、老人ホームとしては珍しく積極的な原爆被害の発信を行なっており、これらの活動は「あの日以来『生きた平和アピール』としての使命に目覚め、綴り続け、語り続けて今夏、第二〇集を数える」[78]というように、教皇ヨハネ・パウロ二世の訪問を画期とするものと明確に位置づけられている。[79]

一九八一(昭和五六)年以降の純心女子学園における原爆の語り

再び純心に戻り、一九八一年以降の原爆の語りを見ることとする。カトリック教会の最高指導者である教皇の来訪は、カトリック系ミッションスクールである純心女子学園にとっても大きな出来事だった。教皇訪問が伝えられた純心では、教皇様を迎えるにふさわしい心構えをと、朝昼に祈りが呼びかけられ、歓迎ムードに包まれた。長崎訪問時には、全教職員・生徒が参列を許された唯一の学校として「教皇歓迎集会」に出席し、教皇の手で教職員二人が受洗している。「同窓会だより」は「教皇ヨハネパウロII世来日記念号」を組み、浦上教会の司祭や当時の様子を綴る教職員・同窓生などの文章とともに、「恵の丘に教皇ヨハネ・パウロ二世をお迎えして」という原爆ホーム別館園長川口サチエのインタビューを四段にわたり掲載した(一九八一年三月一〇日)。四年後に発行された『創立五十周年記念誌』にも教皇来訪時の学園の様子が記述され、収録された手記のところどころに当時の感想が綴られている。

前述のように、一九八一年以降の純心女子学園における原爆の語りには、『被爆五十周年記念誌』の構成上に恵の丘長崎原爆ホームにおける語りが持ち込まれているというのがひとつの特徴であるが、そこでは、永井隆の燔祭説をめぐる語りとローマ教皇ヨハネ・パウロ二世の発言をめぐる語りが、次のように融合して提示される。

シスター江角が、殉職したあの子等に代わってお世話しようと、被爆孤老のために造った「平和であたたかい楽園」原爆ホームを利用するお年寄り達は今、平和の燔祭となった亡き純女学徒隊の子等に代わって、祈りと生活、体験の継承を通して世界平和のために貢献している。[★80]

右記は、高平による「恵の丘長崎原爆ホームについて」の前項で引用した直後の部分である。前出の部分では、教皇の発言をめぐる語りが見られ、ここでは「燔祭」という言葉を使用しつつ、積極的な「体験の継承」が述べられている。また、次のように、教皇の発言に影響された語りが明確に見られる場合もある。一九九五（平成七）年に浦上天主堂で開催された「平和を考える被爆五〇年　長崎純心大学開学記念　大江健三郎記念講演」の挨拶のなかで、学長の片岡千鶴子は教皇の平和アピールを引用したのち、「ただ原爆の悲しみと悲惨さを思い起こすだけでなくてこれを越えて真の世界の平和がもたらされるように祈り、かつ働いていかなければならない」と述べている。[★81]一方で、依然として永井の燔祭説をめぐる語りも見受けられる。同年、被爆五十周年記念慰霊祭が盛大に行なわれた際、理事長糸永ヨシは次のような「慰霊の言葉」を述べた。

祈りながら聖母讃歌を歌って逝かれたという、皆様はまことに純心聖母の子に相応しい、まさしく永井隆先生のおっしゃる平和の燔祭となった純潔の乙女たちでした。……世代交代がなされてゆく中で、学園こぞって皆様の殉難をより深く心に留め、あの恐ろしい事実を次の世代に語り継ぎ、恒久の平和のために力を尽くすことをお誓いいたします。

（『清流』一九九五年九月二〇日）

ここでは、永井の燔祭という概念が用いられるとともに、原爆死の美しさが強調されている。同時に、原爆死を「恐ろしい事実」として積極的に発信していくという外向きの要素も見ることができる。

二〇〇五（平成一七）年八月に純心女子学園創立七〇周年、被爆六〇年を記念して『純女学徒隊殉難の記録』と『焼身』に基づいて演劇部部員が脚本を書いた原爆劇「あおへ…」が、生徒たちの手で上演された。翌年の「純心広報」は、「劇作りを通して学園の歩みや純心スピリットを学ぶとともに、六十年前、精一杯必死に生き、美しい最期をとげた純女学徒隊の学園を愛した思いを受けとめ、平和への願いを新たにしました」（二〇〇六年七月二〇日）と報じた。また、二〇〇九（平成二一）年の「純心広報」に寄せた卒業挨拶のなかで、校長の佐藤洋子は、故永井隆博士生誕一〇〇年の行事を通し、「純女学徒隊の美しい最期を讃えて詠まれた『燔祭のうた』に建学の精神の原点を見据えることができました」と述べている（二〇〇九年二月一七日）。

とはいえ、この燔祭説をめぐる語りに対抗する語りも見られる。当時、純心女子学園新聞部が発行していた「純心広報」は、「八月九日を考える」と題して高校の各学年の代表者の座談会の模様を掲載しており、司会者の「殉難の記録」を読んでどう思いましたかという質問に、生徒[★82]はそれぞれ次のように答えている。

C　感動する部分もありましたが、ほとんど美化されている様に思いました。
B　汚なさ、みにくさというのがなくて、現実という感じがしませんでした。
E　原爆の恐ろしさが訴えられてないと思いました。
A　被爆して病気や、苦しみの中で亡くなられた先輩方の姿に原爆の悲惨さが表われていると私は思いました。

（一九八一年七月二〇日）

管見のかぎり、純心の出版物のなかで美しさを強調する原爆の語りに否定的な意見が掲載されたのは、この記事のみだった。その後の「純心広報」で、当時の校長だった松下ミネは、次のように述べている。

「殉難の記録」を読んで、あんなの理想であって作りものだという風に多くの人が言うんですけれども、それは決して作りものではなくて真実の姿なんです。特定の人を選んで書かせたのではなくて、全部の人に被爆の状態を書いて下さいといって集まったものがああいうものですから、誰かが書き加えたり、書き変えたりとかいうものではなくて、そのままを書いている訳で、あれが本当のあの時代の子供達の世界だった訳ですね。★83

この発言からは、「あんなの理想であって作りものだ」という支配的な語りに対抗する語りの存在が浮かび上がる。

慰霊祭を見ると、二〇一一（平成二三）年現在、「純女学徒隊　原爆殉難者慰霊祭」のプログラムは、慰霊の言葉の異同を除き、ほぼ一六年前の被爆五〇周年時と変わらない。八月九日八時三〇分から聖堂で行なわれる慰霊ミサは「燔祭のうた」とともにはじまり、聖歌を織り交ぜながら司祭により説教や聖体拝領などの儀式が行なわれる宗教的なものである。この際、聖堂の入口脇には「校宝」である純女学徒隊の作業服、祭壇には腕章が飾られ（写真5）、中央に遺族席が設けられる。このあと、校墓前で行なわれる墓前祭も「燔祭のうた」の合唱ではじまり、献花、慰霊の言葉、そして再び「燔祭の

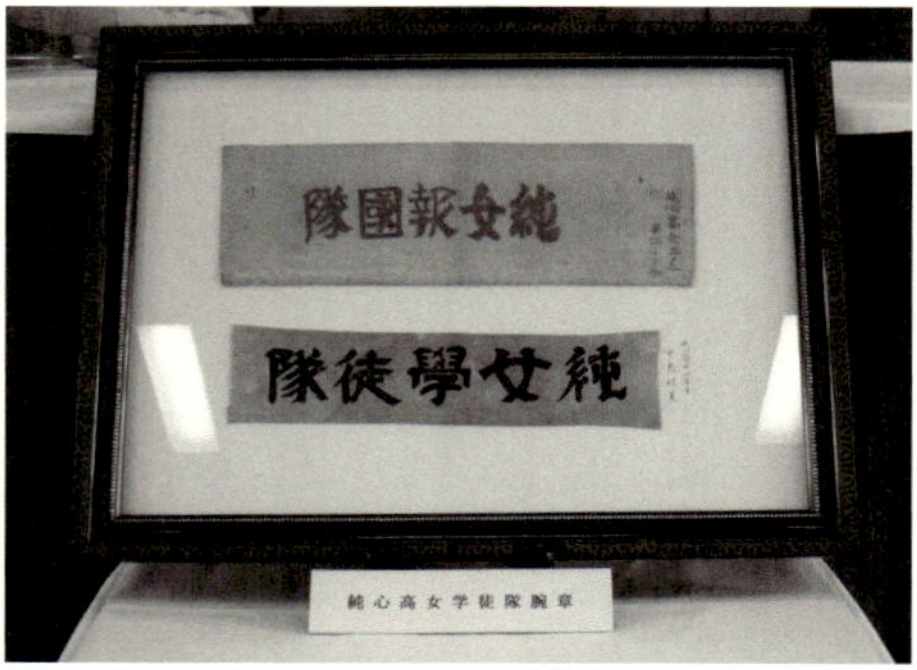

写真５　聖堂の祭壇に飾られた純女学徒隊の腕章〔2009年8月9日筆者撮影〕

うた」の合唱で締めくくられる。校墓はかのこゆりで飾られ、こちらも正面に学徒隊の腕章が飾られる。周囲にテントを張り、教師、遺族、同窓会役員ほか高一を除く中・高の全校生徒が参加するという大規模なものである。[★84]「燔祭のうた」は、このように毎年の慰霊祭のほか、国連軍縮問題フェローシップ来校時[★85]（一九八三・四〔昭和五八・九〕年）や永井隆博士生誕一〇〇年に向けて開催された筒井茅乃氏の講演会（二〇〇七〔平成一九〕年）、アメリカのセントポール市で開催された平和式典（二〇〇八〔平成二〇〕年）など、原爆あるいは永井隆と関係のあることごとの行事で歌われる。二〇〇八年現在、純心では永井隆自筆の「燔祭のうた」の短冊の栞が作成され、来訪者に配られているが、裏面には、この歌の説明として「『み母マリア……』と、息絶えようとするまぎわまで聖母讃歌をうたいながら原爆に散った純心高女生徒たちの臨終をしのんで永井　隆先生は燔祭の歌を詠まれた」と『純女学徒隊殉難の記録』内の文章が引用されている。

以上のように、一九八一年以降の純心女子学園における原爆の語りには、複数の語りが見られるが、なかでも支配的な語りとして、あるときは融合し、あるときは並立して永井隆の燔祭説をめぐる語りと教皇ヨハネ・パウロ二世の発言をめぐる語りが用いられている。また、学校内部を対象とする「校宝」という表現や原爆死者に対する顕彰の要素は依然として見受けられるものの、「戦争の悲劇と核兵器の恐怖を訴え」「悲惨さを繰り返さない」という外部に働きかける姿勢が出てきていると言える。

三　二つの語りが意味するもの

純心において支配的な二つの原爆の語り、永井隆の燔祭説をめぐる原爆の語りとローマ教皇ヨハネ・パウロ二世の発言をめぐる原爆の語りのそれぞれの構造について、考察したい。純心女子学園における永井隆の燔祭説をめぐる原爆の語り（以下：燔祭説をめぐる語り）は、神への犠牲によって平和がもたらされたという理解に基づき、美しさを強調した原爆死の意味づけを行なっている。前述の江角ヤスは、被爆した純心の復興に尽力し、校墓を造り、『純女学徒隊殉難の記録』を出版し、恵の丘長崎原爆ホームを建設するなど、一九八〇（昭和五五）年に学園長として亡くなるまで、純心における原爆の語りを率先して生み出してきた人物であるが、教職員として原爆で多くの生徒を死なせたことに対し、深い負い目をもっていた。江角は手記に、「生きながら焼け死に、あるいは血を吐きながら逝かれたことを思うとすまなくてたまらない」[★86]と綴る。原爆を体験し、生き残ったカトリック信者である江角あるいは他の純心関係者が、深い苦しみ、悲しみに信仰のなかで意味を見出そうと模索したのは、当然の帰結でもあった。暴力による理不尽な死に意味を与えることで、残された者は慰めと生きる力を得たのである。

このなかで、純心関係者にとってより重要なのは、神への犠牲によって平和がもたらされたという論理よりも、その死の美しさ、清らかさであったと考えられる。今回確認した学校としての原爆の被害に関する記述は、一九四九（昭和二四）年の校墓の碑文が最初であるが、以降、現在に至るまで、原爆被害と美しい死が一貫して結びつけて語られている。『純女学徒隊殉難の記録』において糸永ヨシは、みずからも被爆して一度は辞職願いを出した江角ヤスが、生徒の遺族を慰問した際に娘の立派な最期を感謝され、「純心教育はまちがっていなかった」と復興の決意を固めたという経緯を記している。[★87]この経緯は江角ヤス本人によっても語られ[★88]（「純心広報」一九七六年二月二八日）、さらに『創立五十周年記念誌』に引用されるなど、繰り返し言及されている。以下は、江角ヤスとともに遺族を慰問し、のちに校長を務めた片岡スエ子の文章であるが、娘の立派な最期を感謝する親の様子に続き、次のように述べている。

〝あの方々が亡くなられてはじめて、教育に自信をもちました。純心教育の方針に間違いがなかったと、確信をもちました〟と先生に言わしめた皆さんでございました。皆さんの魂は、原爆の焦土から復活して戦後の純心学園の確固たる礎石となったのです。[★89]

このように、生徒の美しい死は、直接的に純心の存在意義と結びつけて語られる。「燔祭」という言葉が、つねに永井隆が提示した本来の意味を明示して使用されるわけではないなかで、この美しさを強調する原爆死の意味づけは、より本質的な特徴となっている。学校は、純真無垢な生徒たちの美しい死にざまを称えることで、純心教育の素晴らしさを示し、その存在意義を確かなものにする。その一方で、美しい死が強調されることにより、怒りなどの感情的要素あるいは戦争責任の所在に、目を向けにくくなるという側面がある。たとえば、国連軍縮問題フェローシップ来校時の歓迎スピーチでは、「この人達は、決して原爆や人を恨んだりはしませんでした」（「同窓会だより」一九八三年一〇月一五日）と述べられ、死に際して恨み言ひとつ言わず、他人への温かい思いやりに満ち溢れた生徒たちの姿が描かれる。そして「聖母よ日本を勝たしめ給え」と祈り、軍需工場に動員されていた生徒たちは、困苦に耐え、国を思い、親を思った愛国少女として称えられるのである。

この原爆被害の叙述的側面に着目すると、燔祭説をめぐる語りが遂行されることにより、周縁化される語りがあることが理解できる。原爆死の残酷さや悲惨さよりも清らかで美しい死が強調されることにより、憎しみ、恨み、怒りといった感情的要素は影をひそめ、死者に非はなく、純心教育は素晴らしいがゆえに、当時の学校教育の軍国主義的要素に目が向けられることはないのである。

燔祭の語りは元来、浦上の原爆被害を意味づけるものだが、純心においては、その美化を伴なう受容が、とくに学校の存在意義を生み出すものとして機能してきた。これに対し、恵の丘長崎原爆ホームに代表されるローマ教皇ヨハネ・パウロ二世の発言をめぐる原爆の語り（以下：教皇をめぐる語り）は、戦争を否定すべきものと捉え、原爆死よりも戦争の悲惨さを語り継ぐことの意義を強調することで、悲惨さ、残酷さとともに、憎しみや怒りといった感情的要素を掬い上げるという構造をもっている。先の燔祭説をめぐる語りと比較して、「戦争は人間のしわざ」と規定することで、原爆を否定する回路を開くという点に大きな違いがある。これは、長崎における他の「核兵器廃絶、世界恒久平和」という支配的な語りの文脈に沿うものであり、純心の原爆被害をより大きな文脈において位置づける可能性を見出すことで、学校内部における死者の顕彰として留まっていたものを、学外、広く世界に向けて語るという積極的な姿勢につながるものであった。

純心女子学園という集団において多くの語りが並存するなかで、二つの語りは相対的に大きな位置を占めてきた。なぜ、これらは支配的な語りとなったのか。そこには、原爆によりもたらされた、筆舌に尽くし難い痛苦、喪失がある。原爆の語りは、原爆死に意味を見出すことで、苦しみを和らげ、みずからの生きる意味を見出すことを模索したものであった。二つの語りは、原爆死の理解に対し異なる文脈を提示するが、ともに原爆がもたらした痛苦と悲嘆をどう言語化し、意味づけていくのかを模索するなかで、宗教的装いを施すことで、原爆被害に正当性をもたせ、意味を生み出している。

原爆死に「燔祭」という言葉を使用することに関連して、ナチスのユダヤ人大虐殺を指して「ホロコースト」という言葉を使うことに対する批判的な意見がある。暴力による理不尽な死を宗教的用語で呼ぶことは、その死を歪曲し、無意味な死を直視し受け入れることを拒否するという強制収容所体験者からの批判である。[★90] 生き残った者の血の滲むような苦しみを考えると、この批判は非常に厳しいものであるが、原爆死に「燔祭」という言葉を使用して正当性を与えることは、意図的ではないにせよ、構造として原爆の暴力そのものに肯定的な意味を与える危険性を孕むものでもあった。

一方、教皇をめぐる語りは、カトリック教会の最高指導者の発言という宗教的な権威をほどこし、悲惨さにおいて、原爆を語ることを意味づける。二つの語りはいずれも、生者による原爆被害の意味づけであるが、ここでは、死者から生者に力点がおかれている。それは、生者に対し、「新たな生の可能性を指し示すもの[★91]」であった。

しかしながら、これも語りであるがゆえに、本質的に選択と強調、削除を含む。教皇来訪以後に編纂された『被爆五十周年記念誌』に、校長経験者の松下ミネは、次のような手記を寄せている。

妹の死の惨状を見た私は猛火の中で泣き叫んで助けを求めた妹の心を思う度に狂いそうになった。

その想像を遮断するために自分自身の心に「判断中止」「判断中止」と強く厳しく叫んで生きた。十年経ったある日、ふっと「妹は今苦しんでいない。妹は苦しみは十年前に終わったではないか。」と。そして平静になった。しかし今も家族に話していない、話せない。八月九日、この一日が暦から消えればよいのに。[92]

依然として、これらの語りに回収できないものがある。江角ヤスは、先の『純女学徒隊殉難の記録』のなかで、「純心が栄えれば、亡き純女学徒隊員がよくとむらってもらえるからと、一生懸命になって学校を復興させて来た。校墓も作り聖堂も建てたけれども、私の心は慰められない」[93]と述べる。また同書のなかで、のちに理事長を務める糸永ヨシも、生徒たちの殉難を誇り讃えて止まないとしつつ、「それなのに記念日を迎えるたびに、不覚にも涙にくれてしまうのはなぜだろうか」[94]と記す。前述のように、本の構成として燔祭説をめぐる語りを強く打ち出している『純女学徒隊殉難の記録』であるが、個々の手記のなかでは、純心における原爆の語りを中心的に生み出してきた人びとのなかにあっても、支配的な語りに回収されない部分を垣間見ることができる。

原爆死の美しさが強調されることにより、悲惨さ、残酷さが強調されなかったということは、周縁化されるものがそこに存在するという意味において、変容の可能性を孕んでいた。被爆者が高齢化し、社会状況が変化するなかで、教皇をめぐる語りは、周縁化された語りを掬いあげる役割を果たし、支配的な語りとして受け入れられていく。教皇の来訪を画期とする恵の丘長崎原爆ホームにおける語りの変化は、生者の生きる意味のダイナミックな転換でもあった。これに対し、純心で燔祭説をめぐる語りが継続するのは、その死者の顕彰の部分が、依然として現在の学校の存在意義と密接に結びついていることによるものと思われる。純心という記憶の場において、原爆被害を意味づける異なる文脈をもつ二つの支配的な語りが並存し、せめぎ合うなかで、依然としてこれらに回収し得ない心の痛みが存在している。

第五章　浦上の原爆の語り

一九八〇年代の純心女子学園におけるローマ教皇ヨハネ・パウロ二世をめぐる原爆の語りの出現は、長崎純心聖母会や恵の丘長崎原爆ホームの例も考え合わせると、長崎のカトリック教界全体における原爆死と生の意味づけの変化を示唆するものと言える。このことは、原水爆禁止運動や平和運動に消極的な対応を示しがちだった長崎のカトリック信者の姿勢に積極的な変化をもたらしたと指摘されているが、[★1]いまだ実証的な研究はなされていない。これについては、教皇の来訪がカトリック教界を越えたインパクトをもつものであったために、カトリック教界外の影響も合わせた検討が必要と考える。

本章では、永井隆の燔祭説およびローマ教皇の来訪によりもたらされた変化に留意するとともに、教会などの他のカトリック組織にも対象を広げ、日本のカトリック教会の動向や原爆被害をめぐる行政と市民活動の流れなどの社会状況との関連を視野に入れつつ、浦上の原爆の語りを見ることとしたい。浦上を取り巻く社会状況が変化するなかで、カトリック集団により、原爆被害はどのように語られ、また変容していったのだろうか。永井隆が活躍した占領期およびローマ教皇ヨハネ・パウロ二世が来日した一九八〇年代を中心に扱うこととしたい。

一　占領期

占領期の浦上の原爆の語りを日本カトリック教会の全国紙「カトリック新聞」[2]、長崎教区機関紙「カトリック教報」、浦上教会機関誌「荒野《あれの》」[3]を中心に見ることとする。一九四五（昭和二〇）年一一月二三日、浦上天主堂の廃墟に生き残った約六〇〇名のカトリック教徒が集まり、初の合同慰霊祭が行なわれた。慰霊祭では、浦川和三郎司教が追悼説教を行ない、信徒代表として永井隆が弔辞を読んだ。浦上教小教区の沿革史である『神の家族400年』には、参列者一同は涙を流して慟哭したと記されている。浦川司教は、「明治6年に『旅』から帰って来た時は、『あばら家』でしたが、浦上に家が残っていましたが、今は一軒の家もありません」[4]と語りかけ、犠牲になられた方は皆立派な人たちだったと何人かの信徒の名前を挙げて思い出を述べ、「原爆は、神の御摂理と考え、生き残った者は、浦上復興にベストを尽すように」[5]と締めくくったという。このとき永井隆が信徒代表として読んだ「原子爆弾死者合同葬弔辞」は、浦上のカトリック教徒が原爆被害について語ったなかで、資料として確認できる最初のものである。「燔祭」という言葉がこのなかで初めて用いられ、次のように燔祭説のロジックが提示されている。

> アア、全智全能ノ天主ノ御業ハ常ニ讃美セラルベキカナ！　浦上教会ガ世界中ヨリ選バレ燔祭ニ供ヘラレタコトヲ感謝致シマセウ。浦上教会ノ犠牲ニヨリテ世界ニ平和ガ恢復セラレ、日本ニ信仰ノ自由ガ與ヘラレタコトヲ感謝致シマセウ。

二章で触れた『長崎の鐘』掲載の弔辞とは字句の異同があり、浦上教会のカトリック教徒という限られた集団に呼びかけたより素朴な文章であるが、「西田神父様、玉屋神父様、純心や常清の童貞様、宿老様、教方様、十字会の姉様、親戚、友達、ウチノ者……誰ヲ思ヒ出シテモ善イ人バカリ……」と個々の死者に呼びかけ、また「アノ日、アノ時、アナタ方トナゼ一緒ニ死ネナカツタノデセウカ　ナゼコンナ惨メナ敗残者トシテ生キノコラネバナラナイノデセウカ？」とみずからを含む生き残った者に呼びかける語りは、臨場感に溢れ、言い知れない悲しみに満ちたものだった。この弔辞によって永井は、浦上教会というカトリック集団の被った理不尽な暴力に対し、原爆死者に、生き残った者に、信仰に基づいたロジカルな解釈を与えていく。前述のように、この弔辞は推敲を経て『長崎の鐘』に収録され、一九四六（昭和二一）年八月に脱稿、一九四九（昭和二四）年一月に日比谷出版社から刊行され、同年のベストセラーとなった。

一九四六年に入り、長崎教区にもインドネシアや台湾などの戦地に赴いていた司教、司祭たちが帰還してきた。同年八月九日に一周年の浦上合同慰霊祭が行なわれたが、このときの弔辞も永井隆が作り、ほかの信徒が代読している。

数々の殉教、不断の迫害、原子爆弾。これらは皆やがて教を異にする者にさへ、天主の光栄を世に示すための試練であったことを悟らしむるものであり、その貴き天主の光栄を実現する神聖なる土地として選び給ふのが、いつも浦上であることを知らしめ給ふのであります。

ここでは、前述の燔祭のロジックから生まれる「試練」という解釈に焦点を当て、さらに、原爆被害を浦上のキリシタンが経験した殉教、迫害に続く一連のものとして捉えるなかで、聖地としての浦上を強調している。のちにカトリック教徒となった医師、秋月辰一郎は、『浦上天主堂で行なわれたミサと慰霊祭は、盛大でした。みな涙を流しました。とくに永井先生の慰霊祭文の朗読には、信者全部泣きました』『しまいには永井先生も泣きなさった。みんな、声をあげて泣いたよ』[★6]とこの慰霊祭の様子を記している。「カトリック新聞」も「選ばれた浦上の犠牲　進む基督の王國建設」と題してこの弔辞を掲載した（一九四六年九月一日）。弔辞は推敲ののち『ロザリオの鎖』に収録され、一九四八（昭和二三）年六月にロマンス社から出版されている。

翌一九四七年、「カトリック新聞」に田川初治の被爆体験を綴った随想が掲載された。[★7]ここで田川は原爆被害を「イエルサレムの潰滅を追想し、火に滅ぼされたソドマ、ゴモラの惨状を想像して昂然と神の怒だ、呪の火だと廣言した」と記している（一九四七年八月三日）。同年八月、浦上カトリック連合青年会の機関誌「荒野」の創刊号では、当時の指導司祭だった中田藤太郎が「火にてきよめられたこの町」と浦上を表現し、永井隆も「いけにえを　やきたる　ほのほ　しづまりし　あれのによばふもののこゑあり」という短歌を寄せている（一九四七年八月一五日、一頁）。一〇月五日の「カトリック新聞」長崎版では、「弔辞と詩が取持つ日米親善」と題して、最初の合同葬弔辞が他の原爆に関わる詩とともに英訳されてアメリカの雑誌「ザ・フィールド・アフェア」に掲載され、これを読んだルース・ギブリン嬢が、浦上の信徒に対する援助を申し出て永井隆との手紙のやりとりをしていることが報じられた。このほか、『浦上の地と天主堂は聖母に捧げられたものであり、戰爭のつぐないとして尊いぎせいの祭壇に供せられた』と浦上のひとびとは信じている」という記述も見られる（一九四七年一二月二日)。一九五一年の「あれの」には、「原爆に依る試練は、選びに選んでよくもこの長崎に、そして御丁寧にもこの浦上に投下されたのである。考えれば考える程、浦上の人に對する良き洗禮だと解せざるを得ない」(一九五一年七月一日、八頁)という浦上カトリック連合青年会長の松尾久吉の記述が掲載された。のちの連合青年会長の西田秀雄は、新聖堂の建設について、「八年前旧天主堂と共にはん祭の犠牲となられた八千の靈魂に対する大きな慰めとなることゝ思います」(「あれの」一九五三年一〇月一五日、五頁)とも述べている。

以上のように、占領期の浦上においては、燔祭説をはじめとして原爆被害を洗礼や天罰、あるいは浦上のキリシタンが経験した殉教、迫害に続く一連のものと捉えるものなど、複数の語りが見られるが、そのなかで永井隆の燔祭説をめぐる語りが支配的な位置を占めているということができる。

二　ローマ教皇庁と日本のカトリック教会の動向

一方、カトリック教会の総本山であるローマ教皇庁は、原爆被害をどのように考えていたのだろうか。一九四五(昭和二〇)年八月八日、ローマ教皇庁の日刊紙『L'OSSERVATORE ROMANO』は、広島への原爆投下を受けて、「Una "bomba atomica" di incredibile potenza」(戦争の道具：驚異的破壊力をもつ「原子爆弾」)という記事を掲載し、原子爆弾を人類の作った「いまだかつて見たこともない死の閃光」として否定的に報道している。★8 日本においても一〇日付の「讀賣報知」が、この記事を「新型爆彈は破滅的手段　法王廳機關紙非人道性を指摘」と報じた。一九四六(昭和二一)年五月一七日付のローマ教皇ピオ十二世[9]が日本の教区長に宛てた書簡には、「カトリシズムが一番古く且つ深い根を下してゐる浦上の國寳的聖堂や幾多の神學校、學校、修道院、病院などのうけた損失は、悲しみなしには追憶できない」と述べられている（「カトリック新聞」一九四六年七月一四日）。原爆投下以後、ピオ十二世は、「原子力戦争は全世界を滅亡の危機に追い込んでいる」と原子兵器の国際的禁止を唱導していた（「あれの」一九五四年一〇月三日）。

もともとカトリック教会は、「正戦」という概念をもち、すべての戦争に反対しているわけではなかったが、核兵器の登場などの戦争をめぐる状況の変化により、その力点が変化しはじめる。一九六三（昭和三八）年、ヨハネ二十三世[10]は、回勅[11]「地上の平和」（Percem in terris）のなかで、「原子時代において、戦争を正義の道具として用いることができようとは、ほとんど考えられない」と述べた。同時期に開催された第二バチカン公会議[12]では、あらゆる領域で教会の刷新と現代化が図られ、社会とのかかわりや正義と平和の推進についても方針が打ち出された。第二バチカン公会議で発表された「現代世界憲章」は、全面戦争について「都市全体または広い地域をその住民とともに無差別に破壊するための戦争行為はすべて、神と人間自身に対する犯罪であり、ためらうことなく断固として禁止すべきである[13]」と宣言している。また、軍備競争の危険を指摘し、国際協力のもと、どのような戦争も絶対に禁止される時代に向けて全力を尽くすことを訴えた。

教皇パウロ六世[14]は、公会議を受けて、教皇庁に複数の社会問題に関わる機関を含む一一の評議会を設置した。一九六七（昭和四二）年には、正義と平和、人権など多岐にわたる問題に取り組む「正義と平和協議会」を設け、全世界の司教協議会にも、同じ趣旨の委員会を設けるように要請した。これを受けて、日本においても一九七〇（昭和四五）年に「日本カトリック正義と平和協議会」が発足している。[15]

燔祭という言葉に関しては、駐日教皇使節である大司教のパウロ・マレラが、戦時下の日本カトリック教会の被害に触れるなかで、「長崎に於ける幾多の犧牲者を忘れることは出來ない。この浦上の丘からおびたゞしい燔祭の犧牲が馥郁たる薫りとなつて天へ登つたのである」と述べている（「カトリック新聞」一九四六年二月一七日）。ただ、この記事以外で「カトリック新聞」において、永井隆に関する記事や長崎版を除き、原爆被害に燔祭という言葉は使用されていない。広島で被爆したイエズス会の神父たちが燔祭説を用いなかったことも考え合わせると、日本のカトリック教界における燔祭説の使用は、長崎の原爆被害に限った限定的なもので、否定こそされないものの、積極的に使用されることはなかったと言える。

三　浦上のひび

高橋眞司は、「長崎の旧市街の人々と浦上のキリシタンとのあいだには、キリスト教伝来以来の弾圧、迫害、差別のながい歴史がある」と述べ、[16]浦上のカトリック信者と浦上をキリシタン部落として差別する旧市街の人びととの「二重構造」を指摘し、燔祭説はこれを背景に生まれた「原子爆弾は天罰」という俗信・俗説に対する切り返しの論理だったとした。しかしながら、原爆投下直後、旧市街の人びとが「原子爆弾は天罰」と浦上のカトリック教徒に対して言ったという噂を資料として提示することは難しく、高橋自身も明確な根拠は示していない。管見のかぎり、「世間の一部には、浦上の災害は天罰であるとか言う向もある」(「荒野」一九四七年一一月一日、八頁)「原爆が浦上に落ちたので〝ほっと〟したという一般市民の感情も、あながち否定はできない」[17]あるいは、「非浦上において非被爆者はおろか、被爆者のなかにさえ『原爆が長崎に落ちたのは浦上のクロシュウがいたからよ』とか、『あれは〝五番崩れ〟バイ』と、自分たちの体験とは切り離してきた人たちがいる」[18]という記述が見られる程度である。そしてこれらはこれまで、浦上に対する旧市街の人びとの発言と受け止められてきた。

たしかに、燔祭説を浦上のカトリック信者と旧市街の人びとの対立を背景とした切り返しの論理であるという高橋の指摘には説得力がある。しかしそれは、たんに旧市街の人びとが差別し、浦上の人びとが差別されるという単純な構造のみで説明できるものなのだろうか。『長崎の鐘』に登場する「市太郎さん」の言葉は、永井隆の筆によって次のように描かれている。

「そりやそうばつてん。誰に会うてもこう言うですたい。原子爆彈は天罰。殺されたものは惡者だつた。生き残つた者は神様から特別のお恵みを頂いたんだと。それじや私の家内と子供は惡者でしたか!」[19]

ここでは、誰に会うてもこう言う……その「誰」が、カトリック教徒以外の旧市街の人びとであったとは、明示されていない。この「誰」をいま少し探ってみたい。

その手がかりとして、まずは、永井隆が編集し、一九五二(昭和二七)年に出版された『私たちは長崎にいた』[20]のなかの「森内マツさんの話」を見ることとする。森内マツは、原爆投下時、爆心地近くの山里小学校の防空壕の奥におり、爆風で左腕を痛めたものの、助かった。同居していた姪の一家が防空壕の中でつぎつぎと息を引き取っていくなか、マツは痛む両腕を抱え、姪の下痢便で汚れたモンペを洗いに出かけた。井戸端では、遠い街に行っていて助かった「高橋の娘」が、美しい花模様の水色や黄色のワンピースを朗らかに洗濯しており、マツにこう声をかける。

「森内のおばあさん。あたしたち生き残った者は、よほど神さまから愛されていたのね！　自分では、別に善人と思っておらなかったけれど、特別な恵みをいただいて、無傷で助かったのだもの……。あたし、うれしいわ。焼き殺されたり、いま死にかけて苦しんでいる人たちは、よっぽど、神様の怒りに触れたのでしょうね？……おばあさんもきっと善人なんだわ。けがをしたけれども、殺されなかったのだから……」[★21]

この娘の言葉に、マツは思う。「この娘が、はたして善人なのでしょうか？……あの死んだ子供や、死のうとしているハツエたちは、悪人なのでしょうか？」と。この出来事に先立ち、娘の父親の「顔見知りの高橋さん」は、息絶え絶えの姪とその子供に水を飲ませるために、焼け残った「小西さん」の家にどびんや茶わんを借りようと向かったマツを「この家の管理をぼくは頼まれているから」と追い払う。そして、亡くなった子の墓の見えるところで死にたいという姪の願いを叶えようと、瀕死の姪を支えてやっとの思いで上った坂を、「その患者は赤痢だろう。傳染病人がうろうろしてくれては、衛生上困る」と、やはり高橋にさえぎられるのである。マツは言う。

ただ一つ、わたしを悲しませるのは、あの大騒ぎのときに、隣人を恨み、そねみ、怒りました、わたしの心でございます。そんな事を忘れてしまいたいのですが、その人々の顔を見ると、つい思い出します。

表には出ないけれども、このように原子爆弾は、わたしたちの隣人愛に深いひびを残したのでございます。★22

あるいは、原爆の投下をきっかけに、『ナガサキの被爆者』に登場する「Mさん」のように、教会から離れていった人もいる。一九四六（昭和二一）年七月、インドネシアのジャワ島から故郷に生還したMの前には、廃墟となった浦上の原子野が広がっていた。浦上天主堂から目と鼻の先にあったMの家は、倒壊していたが幸い消失は免れていたので、家具や衣類などの生活必需品は残っているはずだった。浦上の廃墟に家らしいものが建ちはじめてきたある日、近所のOを別の用件で訪ねたところ、見覚えのある家具があった。探していたMの家のものである。その後、用事があるふりをして近所を訪問すると、それらは、Pの家にも、Qの家にもあった。

「私たちは、盗んで行ったとは露ほども思ったことはない」と奥さんは説明する。「家に残っていたものはみんな死んでしまったし、うちの夫も戦死したと思われたのでしょう」とつけ加えた。「それはいい。でも、戦地から生きて帰ってきたからには『お宅のものを借りていた』とか『使わせて貰っていた』とか、一言ことばをかけてくれてもよさそうなものではないですか、重ねていいますが、盗むという意識はなかったと信じます。その人たちも被爆して裸で焼け出されたから無一物でしょう。でも持って行ったことを黙っていたら盗みになりませんか、それも浦上天主堂の同じ信者同士です。名前は言われません。うちの家族はそれから信仰を止めてしまいました」[★23]

M一家が教会を離れた理由は、原子爆弾によってもたらされた、人間関係の亀裂だった。当時、ほかにも被爆を期に教会を離れて行った人がいたという。[★24]これを西村が同じカトリック被爆者のRに伝えると、Rはこう語った。「浦上のO、P、Rさんは完膚なきまでに無一物だったはずだ、あの場合、仕方なかったのですよ。でも、Mさんの心を闇に突き落とした責任は問われるでしょう。同じ教会の信者として、私にも責任がないとは言えない」[★25]。おそらく、盗られた者だけでなく、盗った者の側にも、それは引け目として滓のように沈殿するものだっただろう。

家財をめぐってだけではない。前出の『私たちは長崎にいた』のなかの「浦田タツエの話」には、親類の家で養われていた孤児エイ子の話が出てくる。山へ行っていて助かった養母を、道端の防空壕で寝ていたエイ子が呼び止める。エイ子は裸で震えていたが、養母はひどい火傷を負ったその恐ろしい姿を見て、手当をするどころか逃げようとした。彼女は、そのとき二枚着ていた防空服の一枚を分け与えることもせず、実子を探しに走り去った。実子に何かあったときに老後の世話を頼もうと養母はエイ子を養っていたのだったが、探し当てた実子も骨になっていた。しかし、焼け爛れたエイ子を見て、たとえ命を取り留めたとしても化け物みたいな恐ろしい顔と暮らすのはお断りと、それきり、養母はエイ子のところに行かなかった。やがて養母はタツエに対し、エイ子と会った場面をうまく作って話すようになる。また、気が変になったのか、突然幼い子を追い回すようにもなった。これは

「エイ子のことを思い出し、見殺しにしたことが良心を刺し貫く結果であろう」とタツエは言う。

實子と養子を同じときに奪われ、年は老いてゆくし、心細いのでしよう。彼女は、親類に當る私の氣げんを、しきりにとろうとします。しかしわたしはその手に乗りません。なぜならば、あの老人があんなに今はしても、何か一大事が起つたときには、わたしを見捨てるかも知れないからです。表面《うわべ》ではあの老人を敬つていますが、わたしは内心ではさげすみ、きらつています。ところが、そのわたしが實の母を見捨ててしまつたのでした。わたしは自分自身をさげすみ、きらつています。[★26]

永井隆は、同書巻末の「ひび」で、同書の永井の隣人たちの告白をあげ、この町の住民の心のつながりには、目に見えない「ひび」が入っているとし、『ひび』とは、隣人お互いの間の愛に生じた、細かい割れ目です。かすかな不信です。――これこそ、原子爆弾が私たち長崎市民に加えた破壊の中で、もっともむごいものでありました[★27]」と述べている。極限状態の利己的な行動に対する不信や負い目から、隣人とのあいだに入ったひび。それはすなわち、教会を中心とした地域共同体である浦上のカトリック集団のなかに入ったひびでもあった。

R・リフトンによれば、前述の「高橋の娘」が体現したような、善行のために神から特別の恵を受けて助かったという心理は、被爆者がみずからの生を正当化するために見られるものであり、みずからが生き残ったことに対する罪意識と表裏をなすものである。[★28]原爆死を「天罰」とする語りは、多くの死に直面するなかで、生き残った者がみずからの生に正当性を与える原爆の語りのひとつであるが、原爆死者を悪人とし、みずからを善人とすることで、浦上の「ひび」を増幅する可能性をもっていた。

ひるがえって、「原子爆弾は天罰」とは、誰が言ったのだろうか。非カトリック教徒である旧市街の人びとがそのように噂した可能性はある。それに加え、前述の「森内マツさんの話」に登場する「高橋の娘」のセリフや、田川初治の「火に滅ぼされたソドマ、ゴモラの惨状を想像して昂然と神の怒だ、呪の火だと廣言した」という言葉は、浦上のカトリック教徒自身が発したものである。片岡弥吉は、著書『永井隆の生涯』のなかで「『原爆は天罰なのだ。神はわれわれの罪を罰したもうてわれわれの家族を殺し、教会をさえ焼きたもうた。』と、そのころ説く人があった」[29]と記している。また、片岡弥吉の娘であるシスターの片岡千鶴子も、『被爆地浦上の再建』のなかで、「特に当時、『原爆は天罰なのだ。神はわれわれの罪を罰して、われわれの家族を殺し、教会をさえ焼かれた』という風評が浦上に流れていたのを耳にし、博士は心を痛めた」[30]と述べている。

これらの文章の風評に関する部分は、ほぼ同じ文脈であり、片岡弥吉の発言や文章が片岡千鶴子の文章に影響している可能性もあるが、文章の主語は、いずれも浦上のカトリック集団を指す「われわれ」であり、殺されたのは「われわれの家族」である。以上のことから、当時、「原子爆弾は天罰」という語りは、浦上のカトリック集団内で一般的に流布していたと考えられる。この流れからすると、前述の『長崎の鐘』に登場する「市太郎さん」の「誰に会うてもこう言うですたい」という言葉のなかにある「誰」についても、非カトリック教徒である旧市街の人の発言と考えるよりも、むしろ、浦上のカトリック教徒の発言と考える方が、自然である。

甚大な被害を受けた浦上のカトリック教徒のあいだにも、「原子爆弾は天罰」という語りは芽生えていた。そしてそれは、集団の内部で芽生えたものであるからこそ、外部からのラベリング以上に、浦上のカトリック集団を脅かすものとなったのではないだろうか。旧約聖書に登場する都市ソドムとゴモラは、住民の不道徳のために神の火によって焼き滅ぼされたと伝えられる。天罰とは、悪事の報いとして天（神）が下す罰を指し、キリスト教また原爆被害に限らず、しばしば用いられる語りである。もし、原爆被害を天罰と解釈するならば、死者は悪人であり、浦上は悪事を働いたがゆえに罰を受けたということになる。大切な人の死に犬死にはおろか神の意志に背いた結果の死と負の意味を与えることは、残された者には耐え難いことだった。なによりもそれは、かずかずの殉教者を出し、迫害のなかで信仰を守り続けてきたことを誇りとする浦上の歴史観を否定するものだった。確かな信仰を培ってきたはずの浦上のカトリック教徒たちがその不道徳によって天罰を与えられたとするならば、信仰を核とした浦上のカトリック集団の歴史観は否定され、地域共同体の結束に亀裂が入る。「高橋の娘」の言葉を耳にした「森内マツさん」の、「この娘が、はたして善人なのでしょうか？……あの死んだ子供や、死のうとしているハツエたちは、悪人なのでしょうか？」という心の内のつぶやきや、「それじゃ私の家内と子供は悪者でしたか！」という「市太郎さん」の叫びは、自分自身とともに、肉親を悪者呼ばわりする隣近所の人びとに向けられたものであり、浦上のカトリック集団に入ったひびの存在を示すものである。この問いかけは、浦上という地域共同体のなかで、信仰とともに生きてきたカトリック教徒個人のアイデンティティと同時に、カトリック集団としての歴史観をゆるがすものだった。このとき燔祭説は、複数の「森内マツさん」や「市太郎さん」に対し、原爆によって理不尽に殺された肉親の死に肯定的な意味を与えることで、肉親の死を貶める隣人とのひびを埋める役割を果たしたのである。

燔祭説のロジックが明示されているわけではないが、「市太郎さん」と同様に、永井が復員してきた隣人に語りかける様子を記した例がいまひとつある。片岡弥吉が『永井隆の生涯』で、永井と同じ町内に住んでいた海軍兵曹の吉持東吾が復員してきたときの様子を描いたものである。リュック一つ担いで復員した吉持は、ジャングルの苦戦を飢えと病気に耐えてようやく生き延びて帰ると、我が家は灰となって家族の骨もないという状況に、焼け跡に佇んで泣きじゃくった。『「何のために帰って来たのだ。」「ぼくはもう浦上には住まぬ。浦上には帰らない。」』「腹いっぱいのグチ」を言う吉持に、永井は語りかける。

「君の気持はわかるよ。しかし君は浦上を再建しようとしないでなぜ見捨てるというのか。君の家族が身を焼いた犠牲によって戦争は終結し、これから平和な浦上を再建しなければならないというときに君は逃げ出して、君の家族のせっかくの犠牲を犬死にに終わらせようとするのか。家も財産も失った。どん底に落ちた。ひとりぼっちになった。それがくやしいのか。吉持、ぼくたちはみなひとりぼっちだ。どん底に落ちたのだ。だからこそぼくたちは、立ちあがる資格があるのだ。自分と浦上の将来を、これからきりひらいてゆく希望があるのだよ。浦上を離れるなよ。浦上に残って浦上を再建しよう。な、吉持！」[★31]

永井本人の言葉がどの程度正確に反映されているかは不明だが、浦上のオピニオンリーダーの一人であった片岡弥吉が永井隆について記した文章でもあり、いま少しこの文について考えてみたい。「君の家族が身を焼いた犠牲によって戦争は終結」したという永井の言葉により、肉親の原爆死にはいったん、「戦争を終結」したという意味が与えられている。しかし、さらに永井は、吉持が浦上にとどまって、「平和な浦上」を再建しなければ、家族のせっかくの犠牲は「犬死に」になってしまうと続けるのである。この文章だけでは、「平和な浦上」の再建をしないことと犬死にすることが、どのようなロジックに基づいてつながっているのかは判然としないが、受け止め切れないほどの被害に浦上を離れようとしていた吉持に、肉親の原爆死にさらなる意味を与えるという動機を与えることで、浦上にとどまるという選択を促そうとしていることが読みとれる。そこには、「浦上に残って浦上を再建しよう」という、浦上を離れようとする隣人に対する永井の強い思いを見ることができる。この場面に先立って永井は、大村に行かないかと提案した片岡弥吉に、「私は浦上から離れないよ。私はここの町内会長だった。町内のみなさんといっしょに被災した私は、みなさんといっしょにこの町を復興したいのだ」[★32]と答えている。西村明が「永井の希望の底知れない明るさ」[★33]と評したように、永井の浦上の復興への意志は強く明快であり、被爆して破壊された土地にとどまって共同体を再建するために残された者が求め、かつ永井が与えたいと願ったのは、「肉親の原爆死の意味」だった。吉持東吾に語りかける永井の言葉は、このことをよく示している。

永井の著作には、これまでの浦上のカトリック集団の歴史観に原爆被害からの復興を接合する語りも見られる。『いとし子よ』の「荒野の歌」のなかで、一六世紀に村民がキリシタンになって以来の浦上の歴史をわが子に語り聞かせるなかで、「浦上は、しかし三たび荒野にならなければならなかった」と原子爆弾の被害に触れ、次のように呼びかけている。

> わが子よ。
> この故里の物語をきいて、何を感ずるか？

そなたたちがお母さんから承けた血は、どんなものであつたか？――世間ではよく浦上は迫害で有名だと言つている。しかし迫害のあつたのは浦上だけではない。浦上が有名なのは、よく再建したからである。復興で有名なのである。そなたたちの先祖は、あのようにしてねばり強く、キリスト教社會を建てたのであつた。[★34]

片岡千鶴子は、この文章を「カトリック信徒としてキリシタンの信仰の地浦上の再建を願う強い思いが示されている[★35]」と評しているが、これは、浦上の復興という当時の最大の関心事に重点をおいて過去のカトリック集団の歴史を語り直すことで、個々の浦上のカトリック教徒としてのアイデンティティを再確立し、共同体を作り出すことを試みた語りと言えよう。片岡はまた、大江健三郎の言葉[★36]を借りて、永井隆の存在を「死んでしまった人たちと、傷ついたけれども回復してきた人たちを結ぶ、非常に大きい強い線[★37]」であったと表現し、『長崎の鐘』で「市太郎さん」が登場する燔祭説が提示される章を、浦上の信徒たちが原爆の惨禍からいかにして再生したかの物語と捉え、「原子野浦上のカトリック信徒たちの精神的再建に関わる大切な章として位置づけられ、その視点から『原爆は神の摂理である。神の恵みである』という言葉の意味も解明されなければならない」と述べている。[★38]このほか西村明は、永井隆の燔祭説について、前述の吉持東吾のくだりを踏まえたうえで、次のように指摘している。

死者と生者を分離し、自分たちだけが生き残ってしまったことに対する罪責感（カトリック的罪意識ではなく、サバイバーズ・ギルト）を生者に感じさせるのではなく、むしろ生き残らざるをえなかったことの必然性を訴えることで「こちらの世界」に意識を向けさせて、再建と復興へと導こうとした★39。

片岡千鶴子は、浦上のカトリック教界のオピニオンリーダーの一人として、信仰に基づいて永井の言葉の真理を究明することを重視し、キリシタンの信仰の地浦上の再建を願う永井像を強調している。一方、西村明の論は、カトリシズムの教説の枠を超えた、生き残った者たちを再建・復興に導く意志に着目したものと言える。

『長崎の鐘』では、悄然としていた「市太郎さん」が、燔祭説が示された永井の「原子爆彈合同葬弔辞」を読むことによって、ぽろりと涙を落とし、明るい顔をして帰っていく。そして前記の吉持東吾と永井隆とのやりとりは、片岡の筆で「吉持東吾は今上野町に本建築を建て、美しい妻をもらってせっせと働いている」と、結ばれている。実際に浦上には、復興の槌音が響いた。一九四七（昭和二二）年九月二二日の「長崎日日」は、『浦上の地とその天主堂は聖母に捧げられたものであり、戰争の償いとして尊い犠牲の祭壇に供えられたのです――』と浦上のひとびとは信じている」という書き出しで、着々と進む浦上の村づくりを次のように報じている。

その信仰の結合を生かして自力で全くの荒野に教會の假御堂やフランシスコ病院を完成し、いままた婦人ホーム、公民館、公立學校などの設置までもくろんでいるが『浦上カトリック村』の再建を念じて黙々わが道を往くこの姿こそは捗らない戰災都市長崎復興に一つの示唆を與えるものである……

（「長崎日日」一九四七年九月二二日）

この「信仰の結合」は、語りによりもたらされたものである。永井の燔祭説は、原子爆弾によってもたらされた浦上の「ひび」を統合し、心身ともに癒しがたい傷を負った浦上の人びとが、崩壊しつつある地域共同体の再建のために歩み出す力を与えるものだった。その意味で、燔祭説の重点は片岡や西村が主張するように、浦上の再建と復興にあったと言える。

浦上には、燔祭説だけではなく、複数の原爆の語りがあった。結果的に地域共同体のひびを増幅することになった「原子爆弾は天罰」という語りも、原爆死者の死と生き残った者の生の双方を意味づける語りという点では、燔祭説と同じ機能をもつものであり、多様な原爆の語りのひとつである。また、前述の『ナガサキの被爆者』に登場するMのように、原爆被害を機に信仰を捨てた人びとの原爆の語りは、カトリック教界において肯定的に評価されるものではないために、資料が豊富とは言えない浦上のカトリック教界にあって、いっそう見出しにくい周縁的な語りとなっている。これら複数の原爆の語りのなかで、燔祭説を特徴づけるのは、なによりも、その再建に向けた意志であり、そのために浦上の原爆の語りのなかで、支配的な位置を占めたと言うことができる。

燔祭説は、現在の苦難と、耐え難い肉親の死の双方に意味を与えることで、ちりぢりに崩れ去りそうになっていた浦上のきずなを強め、再建という方向に歩み出すことを促すものだった。燔祭説によって原爆死者に「燔祭」、生者に「試練」という意味が与えられるとき、個々の死や生に意味が与えられるのみならず、個々と集団の被害が結びつけられ、これまでの浦上の歴史理解に沿って集団の存在意義を強めることができたのである。再建する価値のある集団としての過去があるということが、語りによって見出された。その語りによって、生き残ったカトリック教徒は、もう一度集団のなかの個人としてのアイデンティティを確保し、再建に向かって歩みだす力を与えられたのである。

四　長崎における原爆被害をめぐる行政と市民活動の流れ

占領期以後の浦上の原爆の語りを繙くにあたり、長崎全体の原爆被害をめぐる社会状況の変化を見ていく。以下では、主に『あすへの遺産』[★40]、『長崎原爆被爆50年史』[★41]、『広島・長崎の原爆災害』等から占領期以後の長崎における原爆被害をめぐる行政と市民活動の流れを、主に原水爆禁止運動および被爆者援護運動に着目しつつ概観することとしたい。

占領期を通じ、被爆者はいまだ戦災者という分類のなかに含まれていた。原爆被害を受けて原水爆禁止運動(以下：原水禁)あるいは被爆者援護運動が形成されていくには、まずこの戦災から原爆被害を取り出し、認識する必要があった。占領下の長崎にこれらの運動がまったくなかったというわけではないが、原爆被害という概念が世論のなかで形成されはじめたのは、一九五二(昭和二七)年四月のサンフランシスコ講和条約の発効以降と言える。一九五三(昭和二八)年五月、長崎市は被爆者対策を担う初の公的機関「長崎市原爆治療対策協議会」(原対協)を設置し、治療などの対策を行なうようになった。一九五四(昭和二九)年三月一日、静岡県のマグロはえ縄漁船「第五福竜丸」が、アメリカの水爆実験により被曝する。乗組員全員が「死の灰」を浴び、半年後に無線長の久保山愛吉が亡くなった。多くの「原爆マグロ」が廃棄され、放射能雨に対する不安が広がるなか、日本各地で原水爆に反対する運動が盛り上がり、広島・長崎の被爆者にも注目が集まるようになった。翌年二月、五階に原爆資料展示室を設けた国際文化会館が建設される。八月には広島市で第一回原水爆禁止世界大会が開催され、相前後して長崎にも「長崎原爆乙女の会」、「長崎原爆青年会」などの被爆者組織が生まれた。さらに一九五六（昭和三一）年、長崎で初めての包括的な被爆者組織である「長崎原爆被災者協議会」（長崎被災協）が結成され、同年長崎市で第二回原水爆禁止世界大会が開催された際に、被爆者の全国組織である「日本原水爆被害者団体協議会」（日本被団協）が結成された。以後、日本被団協とともに長崎被災協は原爆被害に対する国家補償の実現を基本方針として運動を展開していく。この結果、一九五七（昭和三二）年には「原爆障害者の医療等に関する法律」[42]（原爆医療法）が成立し、法律によって「被爆者」が定義されることとなった。長崎原爆青年乙女の会は、第二回原水禁世界大会を機に、被爆体験記集『もういやだ』を発行したが、このなかには、次のような記述がある。

原水爆実験。原爆被害者。福龍丸事件とこれは私たち日本人だけが体験したものです。これらのことを考えるとき、原水爆禁止を真に全世界に叫びうる者は、長崎、広島両市民だけではなく、日本全国民であると信ずるものです。この世界大会を機会に長崎の地より広く世界の良心に強く訴えるべきであります。[43]

原水禁運動をきっかけに、長崎、広島の原爆被害を日本国の被害と捉え、広く世界に向けて原水爆禁止を求める語りが生まれ、それが長崎にも波及した。同時に長崎の原水禁運動の担い手のあいだから、広島の積極性に対し長崎の消極性が批判されるようになり、信仰に基づいた原爆の語りに批判的な意見も見られるようになった。以下は、同書に収録された江頭千代子の手記の一文である。

> 神に召されたとか、原子雲と共に昇天したとか、宗教的に考えると美しく、神々しく聞えますが、焼けただれて、肉はさけ、黒く焼け焦げた死骸、あちこちに山の如くつまれて焼かれて行くあの惨状を現実に見ていては、地獄としか考えることは出来ないのです。[44]

全国的に広がる原水禁運動のうねりのなかで、長崎においても、当時の被爆者の生活の実態と要求の提示を通して、原爆被害を悲惨で残酷なものと捉え、核兵器に反対するといういまひとつの原爆の語りが芽生えてきた。『もういやだ』のなかには、カトリック教徒と思しき数人の手記も含まれており、この一人である森秀雄は、「私達はこのように、全く生活の道を絶たれて、死ぬまでのろわれ続けねばならないのです」[45]と窮状を訴えた。カトリック教徒の片岡津代は、のちに雑誌「潮」で次のように語っている。

> たまに顔のケロイドのことを親身に聞いてくださる患者[46]さんがあれば、詳しく原爆の恐ろしさ、悲惨さをお話することにしています。それが、私にできるせめてもの〝原水爆禁止運動〟なのです。[47]

原水禁運動が進展するにつれ、少数ではあるが、カトリック教徒のあいだにも原水禁運動に呼応した語りが見られるようになってきた。

一九五〇年代後半、原水禁運動に不協和音が聞かれるようになった。主に社会党系と共産党系の対立により亀裂が生まれ、原水禁運動は、複数の政党の系列下に分裂した。この余波を受けて、長崎被災協からも新たに複数の被爆者組織が独立した。分裂の過程で原水禁運動に対して熱意を失った人びとも少なくなく、いずれにも属さない人びとは、行き場を失うことになった。このような低迷期を経ながらも、原爆被害者援護法の制定を求める運動は継続して行なわれ、一九六八（昭和四三）年には「原子爆弾被爆者に対する特別措置に関する法律」（被爆者特別措置法）が成立する。

一方で、修学旅行生の増加も手伝って原爆資料室の見学者数は年々増え、一九七一（昭和四六）年以降、毎年百万人を越えるようになる。これに伴ない長崎市は、一九七三（昭和四八）年、一九七五（昭和五〇）年と相次いで展示スペースを拡充した。また、一九七三年度から五巻組の『長崎原爆戦災誌』の編纂に着手し、一九七六〜八四（昭和五一〜五九）年度にかけて順次刊行している。広島市から遅れること三年後の一九七六年には、現職総理として初めて三木武夫が、長崎市主催の原爆犠牲者慰霊・平和祈念式典に参加した。

一九七〇年代後半、原爆被害をめぐる活動が盛り上がりを見せる。一九七六年に広島、長崎の両市長は国連本部を訪れ、「広島・長崎の全市民は、すべての日本国民とともに、核兵器の使用禁止、核拡散の防止、核実験の停止をふくめた、全面的核廃絶を求めています」★48と、核兵器の廃絶と全面軍縮を要請した。これをきっかけに、原爆災害に関する学術的研究成果を集大成した白書を作ろうという機運が芽生え、一九七八（昭和五三）年に開かれる国連軍縮特別総会を視野に、一九七七（昭和五二）年にNGO主催の「被爆の実相とその後遺・被爆者の実情に関する国際シンポジウム」（77シンポ）が広島市、長崎市で開催され、長崎準備委員会は、初の長崎における原爆被害の総合的な報告書『原爆被害の実相——長崎レポート』★49をまとめた。この動きは、翌年の物理学、医学、生物学から人文社会科学にわたる横断的な学術研究の成果を集大成した『広島・長崎の原爆災害』の刊行につながった。

同年ニューヨークで開かれた初の国連軍縮特別総会には、広島、長崎両市長および五〇〇人余りの代表団が参加している。

このころの主要な運動のひとつに、爆心地復元運動がある。一九六六（昭和四一）年にはじまった広島の爆心地復元運動の影響を受け、一九七〇（昭和四五）年に長崎でも松山町や山里町の市民有志による「復元の会」が結成され、報道機関の積極的な支援を受けて、原爆被害の実態を明らかにするための証言の収集と復元地図の作成に取り組んだ。翌年には長崎市も爆心地復元調査室を設置してこの運動に加わり、官民を巻き込んだ運動に発展する。長崎市における爆心地復元運動は、広島市における広島大学原爆放射能医学研究所を中心とした学術的な運動に比べ、死者の鎮魂を主眼とした住民運動としての色彩が濃いものだったと言われる。松山町復元の会会長の内田伯氏は、復元運動について次のように述べている。

爆心地復元は、亡くなった方たちの人間宣言に通ずる。これは、思想やイデオロギーあるいは政治など、どんなものにも侵されることのない不変なものである。そのために私たちは正確な鋭い証言を積み重ねて行かなければならない。そして原爆を被爆者の側に、市民の側に取り戻さなければならない。爆心地復元運動の意味もそこにある。★50

原爆被害を被爆者の側に、取り戻す。それは、「思想やイデオロギーあるいは政治」などの要素のために、原水禁運動などから遠ざかっていた被爆者たちをも包含するものだった。復元運動の目的は、「原爆被害の真実を解き明かし訴えて行くこと」であったが、当事者にとってそれは、一人ひとりの死を明らかにしていく追悼の営みであると同時に、共に語りつつ、被爆により失われた記憶の場を作り上げる行為でもあった。カトリック教徒であり、山里町の復元運動に積極的に取り組んだ岩波章は、「わたしはこのグループは特定の目的で動くのでなく、ただ亡くなった人たちの冥福を祈るためにやるのだ、ときいて喜んで参加しました」[★51]と復元運動に参加した理由を述べている。復元調査の資料を抱えて走り回り、あるいは復元調査に応えた人びとのなかには、多くのカトリック教徒も含まれていた。長崎造船大学助教授の鎌田定夫は、このときの状況を「長崎の被爆者たちは、永井的な屈折と沈潜をくぐりぬけ、長い歳月の試練の底から次第に孤立と断絶の壁をやぶろうとしている」[★52]と表現しているが、爆心地復元運動は、初めてのカトリック教徒をも巻き込んだ地域住民の手による被爆者運動だったと評価できる。

一九六七（昭和四二）年、厚生省が発表した原爆白書『原子爆弾実態調査――健康調査および生活調査の概要』のなかの「被爆者と非被爆者との間に健康上と生活上の有意の格差はない」という記述に反発し、初めて民間諸団体の有志が報告書『長崎原爆被災者の実態と要求』[★53]をまとめたのを機に、鎌田定夫やカトリック教徒であった聖フランシスコ病院院長の秋月辰一郎らが、被爆体験証言運動を開始し、翌一九六九（昭和四四）年に『長崎の証言』を創刊した。このなかで、秋月は、「私達は大いに語らねばならぬ。いままで語らなさすぎた。語ることは私達の義務である。人間に対して人類に対しての義務である」[★54]とその抱負を述べている。以後、「長崎の証言の会」[★55]は、思想や党派の違いを越えて戦争と原爆の残虐性と非人道性を告発・証言することを目的に、被爆体験を収録した雑誌等を精力的に発行し、長崎における被爆体験証言運動を牽引した。

一九六六年以降、学界においては、生活史という観点から被爆者の証言をまとめることを目的として、石田忠を中心とする一橋大学社会調査ゼミナールの継続的な面接調査がはじまった。この成果は『反原爆』『続・反原爆』として発表されている。これらは、生活史という手法を用い、原爆被害を被爆時のみでなく戦後も含めた時間的広がりをもつものと捉え、その苦しみを提示するものだった。『反原爆』のなかで石田忠は、原水禁、被爆者運動に献身した詩人の福田須磨子を例に、被爆者は、みずからの苦悩を被爆者全体の問題として一般化し、「戦争をなくす努力」の正当性の根拠として「原爆体験」[★56]を意味づけることにより、みずからの生の意味を確定することができると述べている。

いまや被爆者は被爆者なる存在形態が政治的・社会的に作られたものであり、したがって国民に対する国家の戦争責任に基づいて、国家補償の原理に立った被爆者援護のほかには、彼らの〈苦悩〉に対処する方法のないことを確認するのである。[★57]

石田忠はこのように、原水禁、被爆者運動をめぐる語りとそれによる被爆者の生の意味づけを肯定的に評価し、学問的な立場から運動を支えた。また、前述の77シンポの開催に際して長崎造船大学[★58]は積極的な支援を行なったが、この流れのなかで一九七八（昭和五三）年に長崎平和文化研究所を設置し、鎌田定夫らを中心に学術雑誌『平和文化研究』を創刊して、原爆被害の実態や核軍備問題などに関する研究成果をあげていった。

学校教育に関しては、一九七〇年に「長崎原爆被爆教師の会」が生まれ、広島原爆被爆教師の会と連携しながら被爆した教師たちの体験記などを収録した『沈黙の壁をやぶって』を皮切りに、一連の平和教育実践の記録[★59]を刊行している。このような被爆体験を踏まえた平和教育は、政府の教育政策への抵抗として続き、教育委員会と現場との対立を招く場面もあったものの、学校という場で被爆体験を語るうえで重要な役割を果たしてきた。

五　原水爆禁止運動とカトリック教界

原水禁運動、被爆者運動が展開するなかで、浦上教会の機関誌「あれの」においても「原爆記念号」などが組まれ、少数の被爆体験記が掲載されるなどしているが、「ノーモアナガサキ。ピースフロムナガサキを、長崎の人は日本人は世界中の人々に絶叫したのであつた」（「あれの」一九五四年一〇月三日、二頁）などという当時の社会情勢を受けた記述は見られるものの、カトリック集団として原水禁、被爆者運動に積極的に関与する語りは見られない。宇吹暁によれば、被爆地を長崎とする被爆体験記数は、一九六八（昭和四三）年以降に極端に増加している。[★60]とくに一九六〇年代後半から原爆被害に関わる市民運動等がさかんになり、『長崎の証言』を皮切りに、『原爆前後』や『忘れな草』などの主要な被爆体験記集の刊行が相次ぎ、原爆被害を語るという行為も活発に行なわれるようになってきた。しかしながら、カトリック関係組織の被爆体験記集の出版は、そもそも被爆体験記ブームが起こる以前から、永井隆が編著で関係するものを除き、一九六一（昭和三六）年の『純女学徒隊殉難の記録』に至るまで皆無であり、その後も一九八二（昭和五七）年の『原爆体験記』まで出版されることはなかった。被爆体験を語るという行為は、カトリック教徒個人においては散発的に見られるが、カトリック組織としては積極的に行なわれていなかったと言える。依然としてカトリック組織による被爆体験記集の出版は乏しく、カトリック教界は沈黙していた。甚大な被害を受け、強固なつながりをもつ浦上のカトリック集団において、なぜ原爆被害は語られなかったのだろうか。

　長崎原爆乙女の会の結成当初から参加し、以後、原水禁、被爆者運動に携わってきた渡辺千恵子は、「はじめは、〝アカ〟が出はいりしているらしいといううわさを聞くと、恐ろしくてふるえあがっていた」[★61]と述べ、同じく原水禁、被爆者運動に身を捧げた福田須磨子も「さんざんアカ呼ばわりされて、いやな目にあって、なまじっか目を開いたことが恨めしくなってくることもある」[★62]と語っている。一九五九（昭和三四）年ごろからは、原水禁世界大会でも安保問題が激しく議論されるようになり、安保あるいは基地問題のような政治的問題を原水禁運動のなかで取り上げることを批判して、「政治偏向」という言葉が使われるようになった。[★63]前記二人はいずれも、原水禁、被爆者運動の先頭に立ってきた被爆者である。カトリック教徒ではなく、運動の一線で活動してきた人びとにとっても、「アカ」というレッテルは決して好ましいことではなかった。

　これは、カトリック教徒にとっては、いっそう強い意味合いをもった。一時長崎原爆乙女の会にも所属し、カトリック教徒としては珍しく原水禁運動に関わっていた前出の片岡津代は、第二回原水爆禁止世界大会に参加して以降、「アカの手先になってよかとか」などと職場や信者仲間に言われたと語っている。[★64]占領期以来、カトリック教会が反共姿勢を明確にするなかで、浦上のカトリック教徒にとって「アカ」と呼ばれることは、信仰を否定されることと同義であった。長崎のカトリック教界には、とくに政治的な主張と結びつくことを嫌う土壌もあると言われる。

　しかしながら、組織としてカトリック教界が原水禁、被爆者運動に加わることはなかったが、個人としてこれらの運動に携わってきた少数のカトリック教徒は存在する。医師として献身的に被爆者の治療を行ない、「長崎の証言の会」を立ち上げるなど、原爆被害を伝える運動に積極的に取り組んできたカトリック教徒の秋月辰一郎は、著書『長崎原爆記』[★65]で、次のように述べている。

私は、永井先生の「神は、天主は浦上の人を愛しているがゆえに浦上に原爆を落下した。浦上の人びとは天主から最も愛されているから、何度でも苦しまねばならぬ」といった考え方にはついていけないものを持っている。[★66]

また、前出の片岡津代は、鎌田定夫のインタビューに対し、原爆を神の摂理と解釈することへの矛盾する思いを口にしている。

これが神の御摂理なのか、と思いながら、それでもだんだんたつうちに、いや、これは御摂理などではない、神がこんなに人間をむごたらしく無差別に殺すはずはない、と思えてきたのです。でも、その思いを口には出せませんでした。[★67]

占領期を過ぎても、原爆被害を語るということに対して組織としてのカトリック教会は沈黙していたが、「原爆被害の真実を解き明かし訴えて行くこと」を目指す爆心地復元運動や「戦争と原爆の残虐性と非人道性を告発・証言すること」を目的とする被爆体験証言運動が、カトリック教徒をも巻き込んで裾野を広げてゆくなかで、さらに原水禁、被爆者運動が進展するにつれて、運動に関わる少数のカトリック教徒のあいだから、徐々に占領期には見られなかった永井隆の燔祭説をめぐる語りに対する違和感が表明されるようになってきたと言える。

六　カトリック地域共同体の変容

戦争が終わり、年を経るごとに、かつての浦上は郷愁の対象となった。浦上のカトリック教徒の多くは、古き良きものとしてかつての浦上を振り返る。

古い聖堂のドームから打ち鳴らされていたアンジェラスの鐘――正午、または夕暮時、小高い所から谷間を見おろしていると、あちこちの山の背や、谷の田畑で働いている人たちは、鐘を合図に、一せいに立ち上り、祈りの姿を見せたそうである。それはまさに、ミレーの晩鐘さながらだった。
（「あれの」一九七一年一〇月一七日、二頁）

被爆前、浦上教会を中心とする浦上小教区のカトリック教徒たちは、地域ごとに信徒同士の緊密な共同体をかたちづくっていた。それは、たとえば浦上のカトリック信者に多い姓からもうかがい知ることができる。

三代、四代と先祖をつのれば《ママ》、浦上中親戚だらけのようだ。久し振りに墓参りに行ってみれば《ママ》似た名前や姓が多い。たとえば《ママ》山口、山田、田川、岩永、片岡、松本など、なかでも横綱格は、深堀の性《(ママ)》であろう。浦上中、至る所にその性《(ママ)》は多い。山田は打越、岩永は辻、山中方面、片岡松本は一本木方面など、六ヶ所の墓地を廻れば《(ママ)》、たいてい、この性《(ママ)》が片寄っていることに気付く
(「あれの」一九七一年八月五日、一六―一七頁)

姓は帰属する家、家族のみでなく、先祖を同じくする家々の関係も示すほか、元をたどれば居住地と密接な関係をもっている。カトリック教会では、信徒の住む地域によって通う教会が定められており、浦上小教区に住む信徒は、浦上教会に通う。そこには、姓によって古くから浦上教会に所属する信徒であるか否かを判断できるほどの密接な血縁、地縁関係があった。資料3は、伊藤明彦がある浦上のカトリック信者への聞き取りから作成した親族と原爆死との関係図である。親族の多くが、浦上で被爆死していることがわかる。浦上に住むカトリック教徒たちは、血縁、地縁により強く結びついた集団だった。原爆投下により、彼等は多くの肉親、親類縁者を失ったのみならず、隣人、友人を含む緊密に構成された地域共同体をも失うことになったのである。

筆舌に尽くしがたい被害を受けながらも、生き残った信徒は、破壊された地域共同体の再生に取り組んだ。信仰の場であり、象徴でもあった浦上天主堂は崩壊したが、信徒たちは早くも被爆翌年に仮聖堂を建立。一九五九(昭和三四)年には、念願の再建を果たした。復員や引揚者などの増加により次第に信徒数も増え、仮聖堂で一日に七、八組の結婚式があげられることもあったという[★68](「あれの」一九七二年一二月一〇日、一七頁)。地縁を強める動きとしては、戦前からある「サバト寄り」という慣習に加え、戦後、「講内」[★69]という制度が生まれ、居住地域を媒介として信徒間の結束を強める役割を果たした。暴力によるコミュニティの破壊から、再び集団としての絆を築くことで、浦上のカトリック集

団は徐々に立ち上がりはじめていた。

同時に、浦上をとりまく状況は大きく変貌しつつあった。大きな変化としてあげられるのは、占領期に行なわれた農地改革と都市計画による区画整理である。すでに戦中から新興住宅地を抱く工業地帯へと変わりつつあった浦上であるが、いまだ一部には農村風景を残していた。資料4、5は、浦上天主堂の下に広がる被爆直前の上野町の復元地図である。四角い枠は各家を示しているが、家々は現在のように密集しておらず、比較的まばらである。残りの白地の多くは、田畑であった。これらの農地を耕していた農民の大部分は小作農だったために、農地改革によりみずからの土地を得ることになる。折しも、戦後の住宅難による浦上への人口流入がはじまっていた。

当時爆心地近くの長崎市立山里小学校の四年生だった辻本一二夫《ふじお》は、「あの運動場は、すっかりかたづいて、たくさんの友だちが、大よろこびで遊びまわっている。あの友だちは、ここでたくさんの子供が死んで、焼かれたことを知らない」と手記に綴り、母が焼かれた運動場のその場所をほかの子供が足で踏んで歩くのを見ると腹が立つ……と複雑な胸中を吐露している。★70 校区内に浦上教会がある長崎市立山里国民学校（現・長崎市立山里小学校）には多くのカトリック教徒が通っていたが、原爆により校区のほとんどが焼け野原となり、多くの死者を出した。校庭では、夥しい死者が荼毘に付されている。だが、新しく学校に入ってきた子供たちは、「ここでたくさんの子供が死んで、焼かれたことを知らない」。山里小学校の教員であった田川初治は、変わりゆく浦上の様子を次のように記している。

原爆後二三年の間は人家も極めてまばらで生き殘つた人たちは生活の建てなおしで手いつぱい

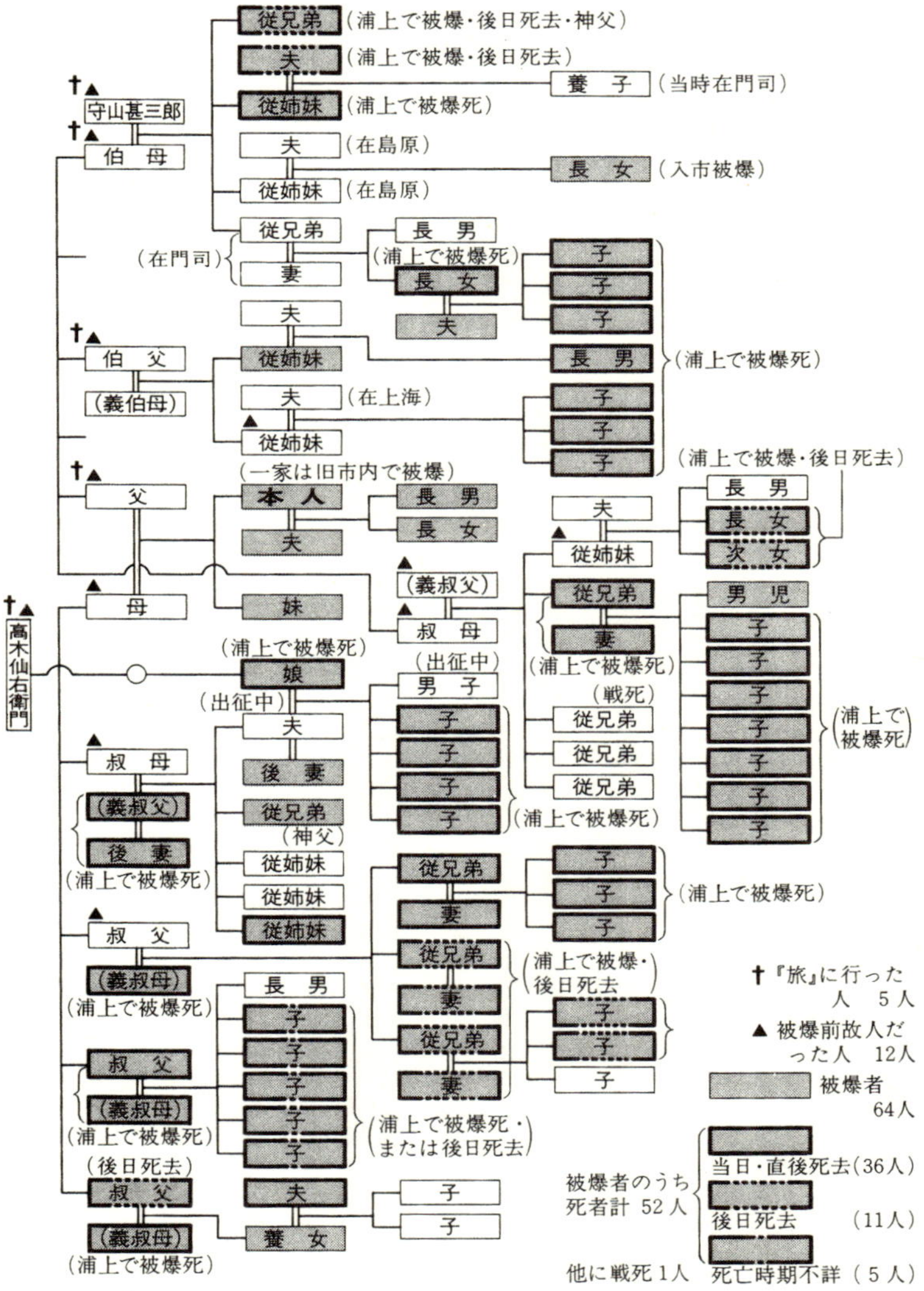

資料３　親族と原爆死の関係図
〔『原子野の「ヨブ記」――かつて核戦争があった』径書房、1993年、260頁より〕
※浦上のカトリック教徒である老婦人の係累。夫はカトリック信者ではないため、本人の係累のみ

でした。主のない空き地には雑草がはびこつていました。
ところが都市計画の線が具体化されてくると、土地柄に不似合な程の大道路が縦横に走り、荒廢した土地は整理され、住宅難の聲は浦上の地に、その吐け口を求むるようになり數戸の家が散在していた山里の丘をはじめとして、各方面に新住宅が櫛比するようになりました。
（「かわりいく古里」「あれの」一九五三年一〇月一五日、四頁）

さらに、小学校に在籍する子供の家庭のうち、終戦前はカトリック家庭が全体の七割強だったが、これが一九五三（昭和二八）年四月末の調査では、他地域からの移住者の激増により四割弱に減少し、さらに減る傾向にあると述べている。

原爆により被害を受けた浦上のカトリック教徒たちのなかには、焼け野原となった土地から他所へ移り住んだ者も多く、区画整理による換地により、生まれ育った土地から離れざるを得ない人びともいた。財産を失ったカトリック教徒たちは、人口増加による住宅難のなかで、農地改革によって得た土地を売って収入を得、そこに他所から移住してきた人びとが家を建てることで、浦上は急速に家々が密集した住宅地へと変貌していった。前述の『ナガサキの被爆者』に登場する「マツさん」[★71]は、変わりゆく浦上の様子を次のように語っている。

原子前まで浦上は和やかでした。隣近所はみんな同じ信者でした。私の家は貧乏しておりました。貧乏しておりましたが、平和で楽しかったものです。お互いの心に何かぬくかもんのあったようです。いまは、関係のない他所者がほとんどでしょう。信者さんは原子でほとんど死んだのです

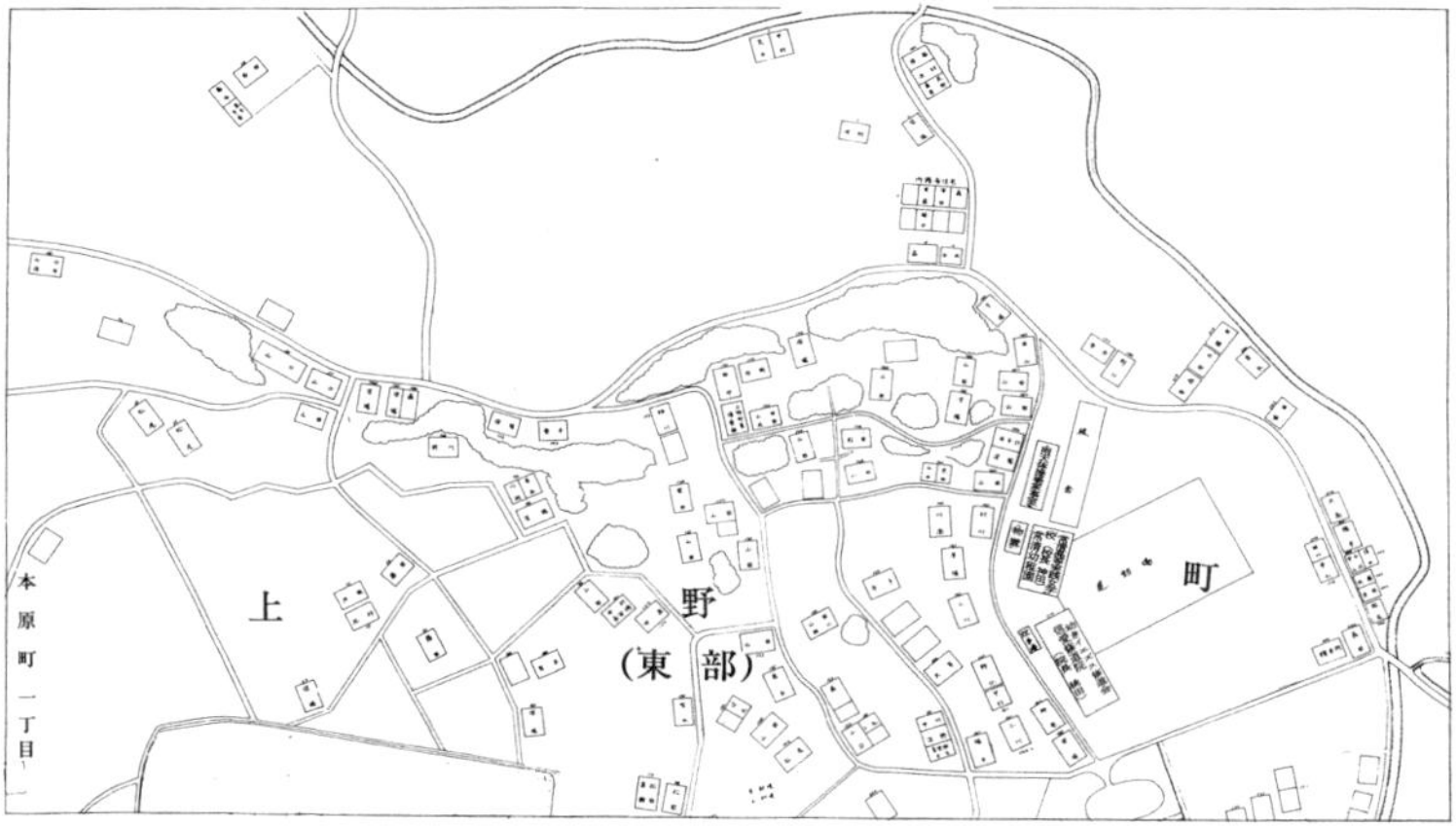

資料 4　被爆直前の上野町（東部）〔『原爆被災復元調査事業報告書（別冊）自昭和 45 年度至昭和 49 年度 被災復元図』より〕

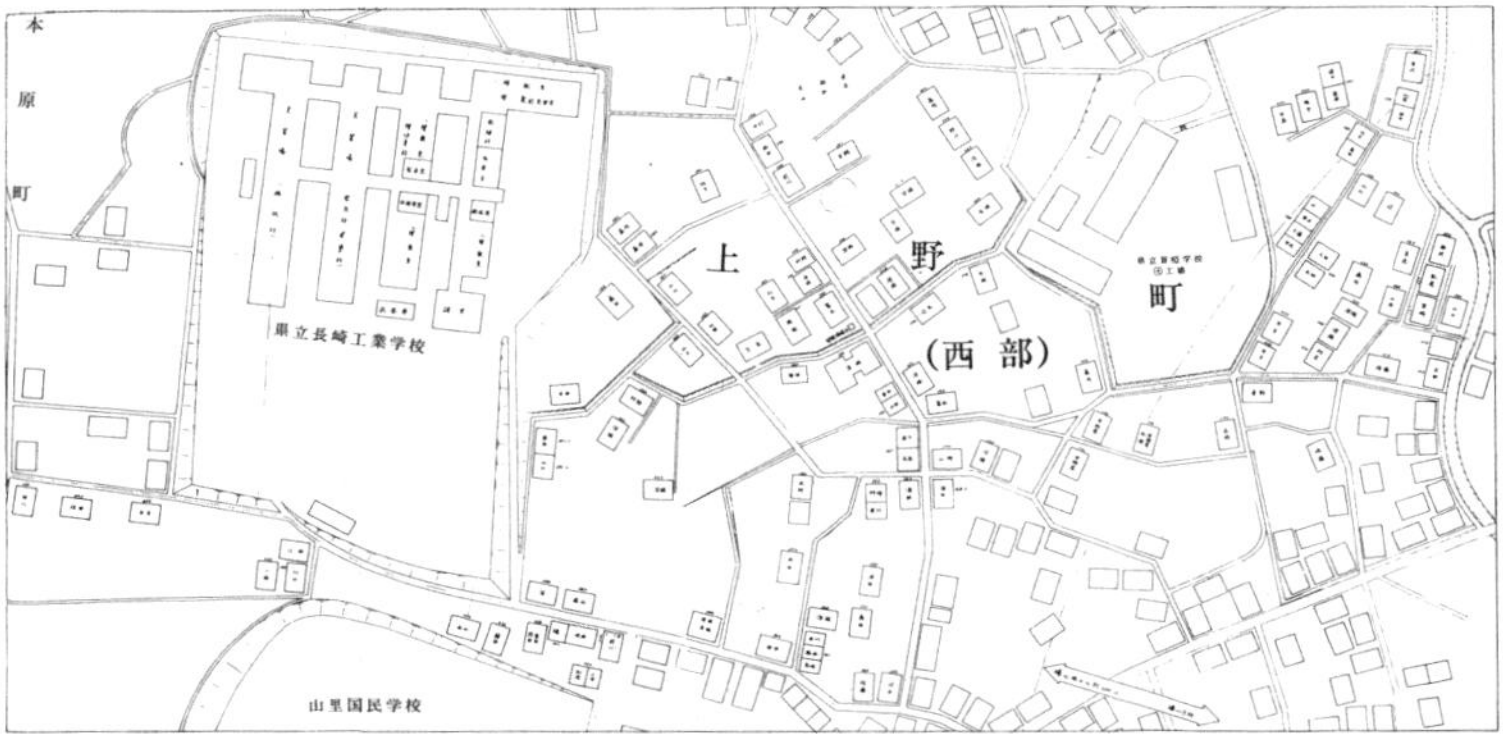

資料 5　被爆直前の上野町（西部）〔『原爆被災復元調査事業報告書（別冊）自昭和 45 年度至昭和 49 年度 被災復元図』より〕

から。浦上者でない人が、わが土地の顔をして、よか家ば建て、きれいな服ば着て、思い思いの幸福はあるでしょう。でもみんなの幸福はないじゃありませんか。[72]

「浦上者でない人」、つまり移住してきた人びとのほとんどは、非カトリック教徒だった。急激な人口流入に加え、カトリック信者同士の結婚も減少していく。戦前、戦中は、カトリック信徒同士以外の結婚は忌避されていたが、徐々に信徒と非信徒の結婚も珍しいことではなくなっていった。また、焼け野原となった地域では、復興都市計画により区画整理が行なわれ、旧道を改廃して街路の建設が進められた。かつて、それぞれの土地には固有の字があったが、区画整理により従来とは異なる線引きがなされ、町名が変更されることにより、従来の町と異なる新たな町が誕生していった。これにより、強固だったカトリック教徒の地縁はよりどころを失い、再構成を迫られることになるが、原爆被害を受けたカトリック教徒たちが、再びコミュニティを作り上げようとする浦上は、非カトリック教徒の増加した従来とは異なる場所だった。このようななかで、信徒同士の結びつきを強める制度として「講内」などの制度が作られたが、これも土葬から火葬へと埋葬方法が変化するなかで、従来「死人講」が担っていた仕事のほとんどを葬儀会社が担うようになり、徐々に解散する地域が増えていった。

被爆前の農村風景が、びっしりと家が立ち並ぶ住宅地と変わりゆくなかで、景観とともにかつての浦上の緊密なカトリック教徒同士の紐帯も変容していく。このようななか、ローマ教皇ヨハネ・パウロ二世が長崎を訪れた。

七　ローマ教皇ヨハネ・パウロ二世の来訪

一九八一（昭和五六）年二月二三日〜二六日にかけて、カトリック教会の最高指導者であるローマ教皇ヨハネ・パウロ二世が初めて日本を訪れ、四日間の日程のなかで東京に次ぎ広島、長崎を訪問した。このとき、取材を希望したマスコミ各社と記者の総数は、海外含め二一七社二七九〇人を越えたという。[★73] 新聞はもちろん各種雑誌も「女性セブン」や「プレイボーイ」に至るまで特集を組み、テレビ・ラジオも先を争って動向を放送した。来訪に合わせてバチカン市国のかずかずの秘宝を展示した「大ヴァチカン展」[★74]が各都市で巡回されるなど、日本各地で「教皇フィーバー」「法王旋風」と称されるほどの熱狂をもたらした。

一九八〇（昭和五五）年一二月、ローマ教皇は、フィリピン、グアムに続いて日本を訪れる計画を発表した。日本のカトリック教会はこの来日に、「ザビエル渡来に匹敵する歴史的な出来事となり、教会史上でも異例のもの」[★75]と大きな期待を寄せる。発表に続いて、バチカン市国国務長官は教皇の旅程を詳細に説明したが、このときすでに、「原子爆弾によって恐ろしい破壊力が示された最初の場所である広島」への訪問が、計画に組み込まれていた（「教皇ヨハネ・パウロII世のメッセージ」「カトリック教報」一九八一年一月一日）。

広島で行なわれる予定の「平和アピール」には、すでに来日前からマスコミの注目が集まっていた。教皇の広島滞在はわずか六時間だったが、広島平和記念公園で平和アピールを行なったあとに広島平和記念資料館を見学し、さらに「技術、社会、そして平和」というテーマで特別講演を行ない、広島平和記念聖堂を訪問するという、原爆被害と関連した平和の発信に主眼を置いたものだった。広島空港からの沿道は歓迎の人波で埋まったが、そのなかにはカトリック教徒だけでなく、多くの一般市民も含まれていた。広島教区長の野口由松司教は、次のように語っている。

> 私は正直なところ、一般市民にこれほど関心があるとは思えず、まして歓迎の歓声が上がるなど予想も出来ませんでした。ところが沿道の市民が「パパ！　パパ！」と大声を出しているし、教皇がこれに応え、手を上げて祝福されると「ワー」「ワー」の大歓声なのです。[★76]

一般市民を含む熱気を帯びた歓迎は、カトリック関係者にとっても驚きだった。広島平和記念公園においてローマ教皇は、集まった約二万五〇〇〇人の観衆を前に、九ヵ国語で「平和アピール」を行なう。このアピールは、「戦争は人間のしわざです。戦争は人間の生命の破壊です。戦争は死です」という印象的な日本語ではじまり、「戦争と核兵器の脅威にさらされながら、それを防ぐための、各国家の果たすべき役割、個々人の役割を考えないですますことは許されません」[★77]という戦争と核兵器の恐怖に対して明確に個人の行動を求めるものだった。

来訪地のひとつとなった長崎でも、教皇来訪を期待してさまざまな声が聞かれた。カトリック教徒でもある長崎市長の本島等は、「平和を希求する長崎市民の祈りと願いが法王台下によって全世界に伝えられることを熱望いたします」と法王を心から歓迎する旨の談話を発表した[★78]（「長崎新聞」一九八一年二月二六日）。また、原水禁運動関係者のあいだでも、「カトリック総本山から最高指導者が唯一の被爆国を訪れ、広島や長崎で平和メッセージを読み上げたり、祈っていただく意義は大きい」（「長崎新聞」一九八一年二月一三日）と運動にプラスになるという期待があった。長崎における日程は広島と異なり、宗教行事を中心としたものだった。雪の長崎空港に到着した教皇は、浦上天主堂で司祭叙階式ミサを司式し、聖職者の集いに参加。翌日、「教皇歓迎集会」に集まった五万七〇〇〇人の観衆を前に長崎市松山競技場でミサを行ない、七五人に洗礼を授けた。各紙は、その様子を号外で報道している。ミサには、北は北海道から南は沖縄に至るまで、全国各地から多数の信者が駆けつけ、寒さと疲労のために五八〇人もが倒れ、救護本部に運ばれたという。こののち、教皇は複数のカトリック関係地を訪れたが、このなかには前述の恵の丘長崎原爆ホームも含まれていた。教皇はここで、原爆被爆者に対して次のメッセージを残す。

皆さんがきょうまで耐えてこられた苦悩は、この地球に住むすべての人の心の痛みとなっています。皆さんの生きざまそのものが、すべての善意の人に向けられた最も説得力のあるアピール――戦争反対、平和推進のため最も説得力のあるアピールなのです。

今わたしは、最初の原爆炸裂の日より三年目に、時の広島市長が、「戦争のもたらす苦痛と罪悪性を己が身をもって体験し尽くした者こそ、戦争を最悪の悲劇としてどこまでも告発し、最大の情熱を傾けて平和を希求するであろう」と言った言葉を思い出します。皆さんは絶え間なく語りかける生きた平和アピールであり、わたしたちはみんな、皆さんのおかげをこうむっているのです。[★79]

この訪日を各紙は、「愛の第一歩」(「読売新聞」一九八一年二月二四日)、「被爆者にさわやかな感動」(「中国新聞」一九八一年二月二五日)、「長崎に愛とぬくもり」(「朝日新聞」一九八一年二月二六日)、『平和希求』へ強いきずな」(「長崎新聞」夕刊一九八一年二月二六日)などと、好意的に報じた。とりわけ、ハイライトとなった平和アピールについては、「戦後三十六年の間、被爆地に立ち、これほどの世界的影響力をもって、平和アピールを発した外国人は、ヨハネ・パウロII世のほかになかったのではないか」(「西日本新聞」一九八一年二月二七日)と最大限の評価が聞かれた。これらはときに、「法王がにわか仕込みの日本語を駆使した平和希求のメッセージは唯一の被爆国日本の民衆に素朴な共感を与えた」(「西日本新聞」一九八一年二月二七日)という文章に見られるように、核兵器をめぐる言説において、「唯一の被爆国日本」における被爆地の存在意義を強めるかたちで報道されている。

被爆地においてもさまざまな評価が聞かれたが、それらはおおむね好意的だった。「長崎新聞」は、「この法王の平和への提言は、とりもなおさず、原爆の惨禍から立ち上がり、世界平和を希求する長崎県民の悲願である」と、教皇の発信と長崎県民の悲願は同じものであると報じた。被爆地において教皇の来訪は、「平和を願う市民感情が大きな一つのうねりとなり、共鳴を呼び起こした」(「長崎新聞」一九八一年二月二七日)と、原水禁運動を越えた被爆者あるいは市民の思いを代弁するものとして捉えられたと言える。長崎被災協事務局長の葉山利行は、平和アピールに関して、次のように発言している。

ひと口に言って大変崇高なアピールだ。われわれが将来とるべき指針を具体的に示してくれた。原爆被災地の一つである長崎からみると、現在一部の人々が訴えているような、『過去は忘れて、ただ祈っていれば恒久平和がやってくる』との考えや取り組み方をたしなめたものといえる。やはり私たちが唱えてきた方法、つまり将来に向かって行動に立ち上がることが大事であることを的確に指摘している。

（「西日本新聞」夕刊一九八一年二月二五日）

また、県婦連の小池スイ会長は、「原水禁の運動に携わる私たちにとって至上の励ましになりました」（「長崎新聞」一九八一年二月二七日）と述べている。原水禁運動や被爆者運動の関係者にとって、広島での平和アピールは「期待した以上に〝ヒロシマの心〟をくんだ」メッセージであり、今後の原水禁、平和運動を支えるものとして受け止められた（「朝日新聞」一九八一年三月一二日・「毎日新聞」二月二五日など）。

このようななかで、カトリック教界の変化を求める声も上がりはじめた。「西日本新聞」は、「宗教ショーを超え　平和の使徒鮮明に」という記事のなかで、次のように述べている。

過去三十年間、ひたすら被爆を『神が課した試練』としか受け止めず、被爆者らの平和運動にも沈黙し続けてきたカトリック信徒たちが、過去の閉鎖性を打破してどのような平和運動を築き上げていくのか。〝祈りの長崎〟のことばに象徴される宗教性への逃避、埋没をどう突き破っていくのか。法王のアピールをただのセレモニー、平和ショーとしないためにも、平和のために〝行動するカトリック〟への大胆な変革が問われているといえよう。

（「西日本新聞」一九八一年二月二七日）

また、「毎日新聞」は、「日本のカトリック教徒に平和勢力としての活動を望む被爆者の願いに通じるものだ」（一九八一年二月二七日）という文章を掲載し、「朝日新聞」も「『平和』について語ることの少なくなった日本のカトリック。法王の執ようなまでの平和発言との落差を、今後、日本のカトリックはどう埋めて行くのか」（一九八一年三月二日）と述べている。教皇の来訪と発言は、「唯一の被爆国日本」における被爆地の存在とともに、これまでの原水禁運動や被爆者運動の意義を強めることで、戦後どれだけ世界の人びとに訴える努力をしてきたのかというような日本国の外交に対する視線と同時に、カトリック教界のあり方への批判を強めるという側面をもっていた。

八　カトリック教界への波紋

日本のカトリック教界

ローマに帰着した教皇は、「破局が繰り返されるかもしれないという恐怖におびえる人々の悲痛な思いが、骨身をさすような強さで私の心を打つのを感じた」（「カトリック新聞」一九八一年三月二二日）と語った。「カトリック新聞」は、「正義と平和問題　反省そして実行」と題した記事のなかで、編集部に寄せられた声には、教皇の訴えに呼応して「正義と平和」の促進、とくに核廃絶、戦争放棄に関する反省も含めた反応が目立つと述べている。いくつかの意見が紹介されているが、たとえば「私たち（教会）の平和に対する見解はまだ現実的ではなく、むしろ抽象的な概念にとどまっており、被爆者の苦しみさえ他国の出来事のように見過ごしているのが実体ではなかろうか」（一九八一年三月二九日）とこれまでの教会の姿勢を批判するものが見られる。このほか、「この言葉を絵空事で終わらせるかどうかは、日本の教会が『平和を創るもの』になるか、にかかっている」[80]（一九八一年三月一五日）というようなこれからの教会の取り組みに期待する意見も聞かれた。

日本のカトリック教会は、教皇が日本滞在中に出した各種メッセージの具体的な研究と実施をはじめた。一九八一（昭和五六）年七月、日本カトリック社会司教委員会は、『平和と現代日本のカトリック教会――教皇「平和アピール」に答えて』[81]という小冊子を発行した。この冒頭で教皇の平和アピールは、「世界にとっても、アジアにとっても、日本にとっても、また日本のカトリック教会にとっても、計り知れない重要性を持つもの」と記されている。文中の「日本の教会の責任と使命」という節には、次のような言葉がある。

教会の頭であり、我々の父である教皇のこの力強いアピールを聞きながら、日本のカトリック教会が全霊をもってこれを受け止め、全力をもってこれを実行に移さないならば、それは教皇の期待にそむくばかりでなく、全世界と全アジアの期待にそむき、特に深い感動をもってこのアピールを聞いた日本の全国民の期待にそむき、カトリック教会への失望をまねくことになると思います。[82]

カトリック教会においても教皇の言葉の重要性はもとより、「全国民の期待」が感じとられていた。同節では、続いて次のように述べられる。

この全世界に向けての平和アピールが、日本の原爆被爆地広島で行われたということは我々日本のカトリック教会に大きな責任と使命を与えるものであると思います。世界唯一の原子爆弾の被害の体験者である日本国民は、先ず第一にこの被害の実相を全世界に知らせると言う大きな責任と使命があります。[★83]

ここでは、「世界唯一の原子爆弾の被害の体験者である日本国民」というナショナルな語りと結びつきながら、日本のカトリック教会に原爆の被害を語る責任と使命があるという考えが提示されている。また、続く節では、日本国憲法を平和憲法として評価し、最後には、五綱目にわたる「平和」に向けた行動への具体的な提案を掲げている。

一九八二（昭和五七）年一月、日本カトリック司教団は、六月に開催される第二回国連軍縮特別総会に向けて、「核兵器完全禁止と世界的軍縮の早期実現を通して人類滅亡の危機を救い、あわせて世界の飢餓と貧困の克服の第一歩を踏み出すこと」を要請して署名運動を開始した。このときの「核兵器完全禁止を要請しよう趣意書」では、前段で平和アピールの言葉を引用したあと、次のように呼びかけている。

戦争は人間の仕業であり、核兵器は人間が造り出したものです。それゆえ核兵器を完全に禁止し、平和な世界をつくりだすことも人間の責任です。

今こそ平和への声を世界のすみずみにまで、東西両陣営の奥まで行き渡らせ、世界の破滅への歩みを押し止めようではありませんか。[★84]

日本カトリック平和巡礼使節団は、この呼びかけに集まった四二万九六九〇名の署名を第二回国連軍縮特別総会に提出した。[★85] 同一九八二(昭和五七)年二月、カトリック中央協議会は、一九八一年一二月八日に発表された『教皇ヨハネ・パウロII世「世界平和の日」メッセージ』[★86]を小冊子として発行した。このなかで教皇は、こんにち私たちが目にする対立は、世界規模と全体性、軍事的原爆貯蔵物の破壊力においてこれまでとは異なるものと捉え、平和を維持するための法の役割、国際組織の役割を評価している。また、「憎しみと戦争に反対し、色々な他の方法を用いて正義と平和の推進のために献身している、他の宗教を信じている人々と協力することも自分たちの使命である」[★87]と述べた。同年、日本カトリック教会は、平和はたんなる願望ではなく具体的な行動でなければならないと、八月六日から一五日のあいだを「日本カトリック平和旬間」と定めた。これにより、広島教区と長崎教区では、全国から司教をはじめとする多くの信者が集って「平和祈願ミサ」が捧げられるようになる。また、長崎教区で八月九日に行なわれていた行事は、第一部を平和祈願ミサ、第二部をタイマツ行列とする教区規模のものとなった。このほか、各教区でも平和祈願ミサや平和行進、平和を主題とした映画会や各種の講演会、平和を求める署名などが行なわれるようになる。[★88] 翌一九八三(昭和五八)年七月には、日本カトリック司教団が、平和についての司牧教書[★89]『平和への望み』を発表した。このなかでは、平和を脅かすものとして「核戦争の脅威」と「南北の格差」が挙げられ、平和アピールに言及したのち、核兵器について次のような姿勢が示されている。

核兵器を使うということが、人間の生命と尊厳にとって、どれほど非業な行いであるか、そのことを世界に訴え、子孫に語り継いでいくことのできる体験を持つ私たちは、一切の政治的なおもわくを抜きに、新しい核兵器の実験・生産・配備の停止とすべての核兵器の廃棄に向って、最大、最善の努力を払うこと、そして非核地帯が東アジアそして世界へと拡がっていくことを世界に向って要求します。[★90]

なお、一九八八（昭和六三）年五月に開催された第三回の国連軍縮特別総会には、アジア各国の司教二〇六名が、軍縮と核兵器廃絶を求める署名を提出している。[★91]

カトリック中央協議会ホームページに掲載されている日本カトリック司教協議会発表文書一覧[★92]を見ると、データのある一九三七（昭和一二）年以降一九八〇年代より前には、日本カトリック司教協議会[★93]は、タイトルに「平和」という言葉を含む文書を一点しか発表していない。「核兵器」という言葉をタイトルに含むものは皆無である。しかし、一九八〇年代以降になると、八〇年代のみで、「平和」を含むもの七点、「核兵器」を含むもの一点の計八点が発表されている。また、正義と平和協議会が一九八〇年より前に発表に関わった文書は一点であったが、一九八〇年代には、一四点に増加している。「平和」に関わる文書が増加するとともに、教会の社会問題に関わる機関のひとつ、「正義と平和協議会」の活動が活発になっていることが見てとれる。

ローマ教皇の来訪と発言、そしてそれに伴なうカトリック教界内外からの声を受けて、日本のカトリック教会は、組織として反核平和に向けた活動に本格的に取り組みはじめた。

長崎のカトリック教界

教皇の来訪は日本のカトリック教界に大きなインパクトを与えたが、なかでも長崎のカトリック教界にとって、特別な意味をもっていた。教皇の来訪に備え、浦上教会は、総工費四億二六〇〇万円をかけた天主堂の大規模な改装工事を行ない、新しいステンドグラスを嵌め、赤煉瓦で外装を施した。[★94]浦上小教区沿革史は、教皇の来訪を「私たち浦上信者にとって、これ以上の感激、喜びはない」[★95]と記している。「カトリック教報」は、「WELCOME POPE」という特集を組み、教皇訪日の喜びを次のように伝えた。

夢は今、正夢になり、パーパ様を現実に、待ちわびた先祖とともにお迎えできるのです。お恵みです。今の世に生き得たことを神に感謝しています。この喜びは言葉になりません。

（「カトリック教報」一九八一年二月一日）

先祖の代から待ち望んでいた教皇が、長崎の地に降り立つ。それは、迫害に耐え、かずかずの殉教者を出しつつ信仰を培ってきたことを誇りとする長崎および浦上のカトリック教界の歴史観とその存在意義を、強く肯定する出来事だった。また、広島で平和アピールが行なわれることを踏まえ、長崎のカトリック教徒のあいだからも、長崎訪問の際は、「特に長崎は原爆で悲惨な目にあっているだけに、教皇にその後遺症をじっくり見てもらい、戦争のない平和な世界を作ることを訴えてもらいたい」[★96]（「毎日新聞」一九八〇年一二月二二日）、「私をこんな体にした原爆が憎か。パパ様、戦争も原爆もない世界をつくるのに力を貸して」（「長崎新聞」一九八一年二月二六日）などという原爆被害と重ね合わせた発信を期待する声が聞かれはじめた。カトリック教界内でも、祖先からの信仰を認めて教皇が司牧に訪れるという絶対的な意義に加え、カトリック教界外の言説にリードされるかたちで、原爆被害に基づいた平和への発信を期待する声が混入してきたと言える。

ローマ教皇の来訪の影響は、一部の長崎のカトリック教徒のあいだに明瞭に現われた。秋月辰一郎は、ローマ教皇の呼びかけを指して、「これは被爆者を鼓舞するのみでなく、日本の人々のこのあとの方向を記したものである」（『長崎新聞』一九八一年二月二八日）と述べている。片岡津代は、のちに教皇来訪時の状況について、次のように語っている。

> 1981年（昭和56）年2月、ローマ法王が来日され、23《（ママ）》日に広島で平和アピールをされました。あの「戦争は人間のしわざです。」というお話でした。26日には長崎においでになり、横なぐりの大雪のなか、松山の爆心地に立たれました。このとき、小さなテレビを買って、家で法王のこのお言葉を聞いた私は、「ああーっ、やっぱりそうだったのか」という思いがしたのです。★97

このことがきっかけとなり、片岡は長崎平和推進協会に所属して語り部活動を開始した。また、広瀬方人は平和アピールによる信者の意識の転換を次のように述べている。

> 長崎の私たち信者の心を最も強く打ったのは、広島で発表された「平和アッピール」であった。それまで、原爆が投下されたのは神の摂理であるから被爆の苦しみには黙って堪えなければならないとひたすら考えてきた信者にとって、「平和アッピール」は天からの声であった。★98

長崎被災協の結成三五周年記念誌も、「法王の言葉を契機に、被爆者としての運動に積極的にかかわりを持つようになった人は、決して少なくない」[★99]と記した。カトリック集団を見ると、前述のように、教皇が実際に訪れ、原爆被爆者へのメッセージを出した恵の丘長崎原爆ホームおよび純心女子学園において、ローマ教皇ヨハネ・パウロ二世の来訪を画期とした原爆の語りの変化が明瞭に現われている。

一九八六（昭和六一）年には、被爆四〇周年を記念して、第一一回日本カトリック正義と平和協議会（正平協）の全国会議が、三日間にわたり長崎市で開催された。開催に先立つ呼びかけには、「戦争は人間の仕業です。戦争は死です」などの「平和アピール」の言葉が引用され、「被爆の体験から得た、原爆の実相を基に、吾々、日本のカトリック者が如何にしてアジアの平和、世界の平和に貢献出来るかを、長崎の地で語り合うことが出来ることは、まことに意義の深いことである」[★100]とある。『第十一回日本カトリック正義と平和協議会長崎全国会議報告書』[★101]から会議の様子を見ると、初日には、希望者に「原爆ガイド・ツアー」、浦上教会に所属する二名の信徒による被爆者の体験談が行なわれた。二日目には、浦上教会における平和ミサのあと、開会式とともに「反核平和キリスト者の祈りと行動」という基調講演が行なわれ、分科会が開催されている。カトリック正義と平和協議会全国会議は、これまで長崎カトリック・センターで催された最大の大会となり、一般紙でも「反核・平和を前面に」（「長崎新聞」夕刊一九八五年九月一八日）、「核悲劇の預言者へ　カトリック平和会議」（「朝日新聞」一九八五年九月二三日）などと報じられた。

報告書のなかの永井隆に関する記述を見ると、「原爆ガイド・ツアー」のルートに如己堂と永井隆記念館が含まれ、参加者のアンケートからは、山里小学校で、「〃はん祭としてささげられた長崎〃、

〝祈る長崎〟であった」[102]という解説があったことがわかる。また、同大会中のミニ平和コンサートにおいて、永井隆を偲んで「長崎の鐘」が歌われているほか、広瀬方人が、つい最近まで支配的だった考えとして、永井隆の燔祭説に言及している。

報告書全体を見ると、二名の信徒、村上春枝、前川初市の語った被爆体験が収録され、これらの体験記の前には、「戦争は　人間の仕業です／戦争は　人間の生命の破壊です／戦争は　死です」というヨハネ・パウロ二世の言葉が掲げられている。[103]体験談のなかで村上春枝は、四〇年前の原爆被害は悲惨で残酷な出来事であり、「神様が創造し給うたこの世界を、核兵器等使用して人間が破壊する事等絶対に許されるべきでないと信じます」[104]と語り、前川初市は、「本当に戦争恐ろしい。人間の仕業と、教皇様言われたけども、その人間がどうしてこんな戦争起こしたか」[105]と、ローマ教皇の発言に言及している。また、これらの被爆体験を聞いたシスターの次のような感想も収録されている。

私は、二度とこのような悲惨な出来事があってはならない、起してはならないのだと思いました。次の世代のにない手である子供たちにも、この原爆のおそろしさをつたえ、戦争というものは二度と起してはならないのだということを教える必要があるかと思います。[106]

二日目に行なわれた平和記念ミサの共同祈願では、「戦争と被爆の苦しみを身をもって体験したわたしたちが、悲惨な戦争を再びくりかえすことのないよう、平和への誓いを新たにさせてください」[107]と祈りが捧げられた。続く開会式の歓迎のあいさつでは、長崎市長の本島等が、原爆被害と核兵器の脅威に触れ、「どのように世界が考えてみなさんとともに手をとって核廃絶を考えていくか」[108]と発言している。その後の基調講演「反核平和キリスト者の祈りと行動」のなかでは、国連大学副学長の武者小路公秀が、「日本のキリスト者としてのひとつの役割は、反核運動の中に被爆者の体験というものを持ち込んでいく、そういう必要があるのではないか」[109]と語った。また、この日の午後には複数の分科会が開催されたが、このうちの第一分科会「核廃絶と私達の明日」において、秋月辰一郎は、平和運動に反対する人のなかに入って行かなければならないと呼びかけ、次のように発言している。

長崎の信者さんは、三百年間迫害されていたものだから、未信者の人の中に入ったり、反対する人の中に入ることに慣れていないのです。従って今まで、原爆のことをあまり話しませんでした。それは、政治的に利用される事を恐れていたからです。

しかし、現在のパパ様は、予言者的に、核の時代に正当戦争というのは無い。戦争は人間の仕業ですとか、戦争は死ですとか、戦争は罪です。とはっきりおっしゃっています。

このような訳で、私もおよばずながら、長崎の被爆体験をまとめなければならないと考えています。[110]

このあとの自由討論でも、長崎の信者から、次のような意見が聞かれた。

長崎の原爆で、近距離被爆した人の多くはカトリック信者です。ですから、苦しみを他の人に言ったりしないで、自分の中で耐える傾向があります。また、何か言うことによって、政治的に利用されたりするのを嫌う傾向もあると思います。[111]

また、三菱造船という自分たちの生活の基盤に直結するために、平和運動に携わることに躊躇を覚える傾向があるという意見もあった[112]。

この報告書に、現地実行委員だった広瀬方人は、会議を振り返って、「動き出した祈りの長崎――正平協全国会議を終わって」と題して寄稿している。すでに引用したが、このなかで広瀬は、永井隆の「被爆者は燔祭のいけにえ」という考えは、つい最近まで長崎のカトリック信者のあいだで支配的であり、平和アピールは、原爆の投下は神の摂理であるから被爆の苦しみには黙って堪えなければならないと考えてきた信者の目を覚ます天からの声であったとし、『祈りの長崎』とジャーナリズムに呼ばれた長崎のカトリック信者が行動をはじめるためには、四十年の歳月を必要としたのだと私は思った[114]」と、その感慨を記している。

第一一回正平協全国会議およびその報告書においては、原爆被害を語る際、永井隆の燔祭説は、提示されないか、提示される場合は過去の考えとして示される一方で、ローマ教皇ヨハネ・パウロ二世の発言の影響を明確に見ることができると言える。カトリック教会が社会問題に積極的に取り組むようになるにつれ、原爆被害を語り、核兵器に反対することも、教会の取り組むべき課題のひとつと捉えられるようになってきた。そのなかで、長崎のカトリック信者のあいだでも、なぜ原爆被害を語らないのかという理由が求められるようになり、これまで積極的に被爆者運動や証言運動に取り組んできた少数のカトリック信徒にも、教会組織のなかで発言し、活動していく足場が与えられることになった。教皇ヨハネ・パウロ二世の発言をきっかけに、教会が組織として動き出すなかで、浦上の原爆の語りは永井隆の影響の名残から抜け出し、ダイナミックに変容することとなった。

結び

阪神・淡路大震災、東日本大震災、昨年の広島の土砂災害……大規模な災害が起こるたびに、被災地で被害に苦しむ人たちとともに、各地からの支援がマスコミに報道される。金銭の寄付にはじまり、衣料品や毛布、さまざまな食料品などの差し入れられる援助物資のかずかず……。「心のケア」という言葉もよく聞かれた。聞き取りをしていて、3・11の話題が出ると、被爆者が洩らす言葉がある。「ああーよかのう……」「俺たちにこれのね、ひとかけらでもあっとったらのう」。救援の手など何もなかった、と何人もの方が嘆息した。「救援が来るはずがない、だって、誰も知らないんだから」と。被爆者援護施策が国によってはじまったのは、一九五七（昭和三二）年。被爆から一二年が経過してからである。みずから傷つき、多くの肉親、知人を失うなかで、救護の手も足りず、満足な食べ物も、外部からの支援もない。被爆したカトリック教徒たちは、甚大な被害を受けながらも、みずからの力で戦後を生き抜いてきた。浦上のカトリック教徒が、この七〇年間、どのように原爆を語ってきたのかを辿ることは、吹き荒れた暴力のあとで、どのように人びとが生きる意味を見出してきたかの軌跡でもある。

長崎における原爆被害に関わる言説には、これまで永井隆の燔祭説が大きな影響力を与えたとされてきたが、第三章「焦点化する永井隆」の分析からは、永井隆がもっとも脚光を浴びた占領期においても、燔祭説が与えた影響は局所的だったということができる。「原爆、平和に関する有名人」としての永井隆がもてはやされることがすなわち、宗教的観念に支えられた燔祭説が影響を与えたということと同義ではなく、占領期の長崎において、燔祭説自体は、永井隆あるいは「浦上のカトリック教徒」という別集団の語りと捉えられていた。その一方で、占領期の浦上においては、永井隆の燔祭説をめぐる原爆の語りが支配的な位置を占める。

序の先行研究で取り上げたように、長崎の原爆被害は、しばしば「祈り」というキリスト教的なイメージと結びつけて語られ、その中心に永井隆の原爆に対する思想の影響があると考えられてきた。そのなかで、永井隆の提唱した燔祭説は、長崎のカトリック教徒のあいだで生まれた独特の原爆の語りとして、占領期以後、かずかずの批判にさらされてきた。それには、少なからず、占領期以後を生きる非カトリック教徒の視点から見たこのロジックの異質さへの驚きがあったと感じる。それは、「明るい『陽の顔』が長崎旧市街だとすれば、暗い『陰の顔』は、キリシタン弾圧から原爆まで長崎の悲劇の面をのみ背負ってきた浦上である」[★1]などというように、浦上を差別を抱え込んだ「異質」な土地と捉え、差別を受けてきたカトリック教徒たちの歴史的背景と結びつけてその原爆被害と語りを理解するという論調を生んだ。このような論調には、原爆被害を浦上に限られたものとして矮小化するという批判も向けられており[★2]、筆者自身もキリスト教的なイメージと原爆被害を結びつけて語ることは、肯定的に用いるにせよ、否定的に用いるにせよ、原爆被害を浦上に閉じ込めることにつながると考えている。このような旧来の論調のほとんどが、単純に永井隆は浦上のカトリック教徒を代表する存在であり、永井隆の原爆被害の語り方はすなわち浦上のカトリック集団の語り方であると捉えている。それでは、たまたま壊滅的な被害を受けた地域に永井隆という提唱者がおり、カトリック教徒がいたために、燔祭説は生まれたのだろうか。

たしかに、長崎市の原爆被害を受けた中心には、カトリック教徒の多く住む地域が含まれていた。長崎のカトリック教会は、迫害のなかで信仰を守り続けてきた歴史をもつとともに、当時の日本のカトリック教区のなかで最大の信者を有しており、被害を受けた浦上はその要とも言える地域だった。これは、同じ原爆被害を受けた広島市にはない特徴である。しかし、広島にも、相対的に数は少ないものの、甚大な被害を受けたカトリック教会があり、カトリック教徒たちがいた。

一九四四（昭和一九）年当時、幟町教会に二五六名、楠木町の煉獄援助修道会と託児所に四八名、近郊の長束のイエズス会修練院にも若干の信徒がいたとされる。[★3] 一九五四（昭和二九）年に原爆死者の追悼を目的のひとつとして幟町教会に建立された世界平和記念聖堂は、二〇〇六（平成一八）年に、広島平和記念資料館とともに第二次世界大戦後の建築物としては初の国の重要文化財に指定されている。被爆者のなかには、複数のイエズス会所属の外国人司祭が含まれており、そのうち数人は、第二八代イエズス会総長となったペドロ・アルペをはじめとして、のちに日本のみならず世界のカトリック教界の要人となっている。彼らは、国際的なネットワークと語学力を生かして、占領期にいち早く被爆体験を世界に伝えた。

浦上教会および長崎大司教区は、被爆以来、戦後七〇年間を通じて、組織としては被爆体験手記集を発行してこなかった。一方、広島司教区のカトリック正義と平和広島協議会は、一九八三（昭和五八）年に四人の外国人神父たちの被爆体験を再録した被爆体験記集『破壊の日――外人神父たちの被爆体験』[★4]を、一九九一（平成三）年にはヨハネ・パウロ二世来訪一〇周年を記念して、前出の外国人神父を含めたカトリック者の広島の被爆体験をまとめた文集『戦争は人間のしわざです』[5]を出版している。長崎では、本書でも取り上げた純心女子学園や恵の丘長崎原爆ホームは、積極的に被爆体験を収集し、被爆体験手記集を発行しているが、信者数自体は四〇分の一と少ないにも関わらず、実は教会組織としての出版は、広島の方が多い。

これらの出版物を見てみると、被爆した外国人神父の被爆体験は長文で詳細であり、早くは一九四五（昭和二〇）年に書かれ、一九六〇年代、八〇年代のものが含まれるが、これらのなかには、原爆被害の意味づけ自体が見られない。また、九〇年代に書かれたものが多いために正確な比較は難しいが、他の日本人の聖職者や信者の書いた手記に燔祭という言葉が使用されているのは、「この火事で家の下敷きになっていて這い出せなかった人は、燔祭さながら生きたまま焼かれて死んでゆきました」[6]という一か所のみである。ここでは、燔祭という用語を原爆死になぞらえ、そもそもの「すべて焼き尽くす捧げもの」という意味で比喩として使用しており、「原爆死を神への燔祭とし、その犠牲により平和がもたらされた」という燔祭説のロジックに基づいて使用しているわけではない。

以上のことから、被爆した広島のカトリック教徒のあいだでは、管見のかぎり、長崎で見られるような燔祭説は見られない。広島でも地域共同体は崩壊し、多くの人命が失われたが、長崎に比べて相対的にカトリック教徒の数は少なく、居住地も散在していた。長崎で燔祭説が生まれたのは、おそらく、かつて緊密な結びつきを誇ったカトリック教徒による地域共同体が存在していたからこそと考えられる。調査を進めるなかで、浦上は、ただ歴史的にカトリック教徒が多く住む土地であったというだけではなく、非常に密接な血縁、地縁で結びついた宗教共同体、そして地域共同体を形成していたということが判明した。たとえば、聞き取りの際、〇〇さん、と名字を挙げると、迫害を受けつつ信仰を守り続けたキリシタンを先祖にもち、子供のころから浦上教会に通う高齢の信徒の方は、「ああ、それは、昔からの浦上の人ではないね」と言われる。現在も、七〇〇〇人弱の信徒を擁する教会でありながら、名字だけで昔からの信徒か否かを判別することができる。浦上は、住宅が立ち並ぶ風景のなかに、いまもそのようなかつてのカトリック村落の名残をとどめる土地でもある。

緊密な地縁、血縁で結びついた集団が、原子爆弾で一斉に殺戮された状況を思い描いてみる。浦上で被爆したカトリック教徒にとって、原爆被害とは、みずからの負った火傷や怪我、放射線障害あるいは肉親の死にとどまるものではない。自宅と財産に加え、多くの隣人、友人、同僚を失い、ときに学校や職場、さらには信仰の中心である教会と暮らしの基盤でもあった地域共同体を失うことだった。理不尽な暴力により、みずからの生きてきた社会そのものが壊されたのである。浦上のカトリック教徒、またカトリック集団にとって、燔祭説が与えた原爆死の意味は、崩壊した社会のなかで生きるための希望を指し示すものだった。燔祭説は、個々のカトリック教徒とカトリック集団の原爆被害を結びつけるとともに、これまでの歴史理解に沿ってカトリック集団の存在意義を強めることで、浦上の地域共同体に入った「ひび」を統合する機能をもっていた。それは、浦上のカトリック教徒たちに、過去と未来を提示することで、集団を再統合し、共同体を作り出す試みであり、それによって、生き残ったカトリック教徒たちは、もう一度、集団のなかの個人としてのアイデンティティを確保し、再建に向かって歩み出す力を与えられたのである。カトリック教徒が集住する地域共同体があり、それをもう一度立て直そうとするなかで、燔祭説は求められ、語られた。燔祭説は、カトリック教徒であったために必然的に語られたものではなく、それを提唱した永井隆の存在と、浦上のもつ固有の条件から長崎のカトリック教界に生まれた独特なものと言える。

第四章「永井隆からローマ教皇へ――純心女子学園をめぐる原爆の語り」の分析では、永井隆の燔祭説に影響を受けた原爆の語りを中心的に生み出してきたカトリック系ミッションスクールの純心女子学園において、燔祭説をめぐる原爆の語りは、死者の顕彰に重点を置くかたちで受容され、支配的な語りとして存在したが、一九八一（昭和五六）年のローマ教皇ヨハネ・パウロ二世の来訪を期に、教皇の発言をめぐる原爆の語りが、融合しあるいは並立して用いられるようになるという語りの変化を提示した。この一九八〇年代を画期とするローマ教皇ヨハネ・パウロ二世の発言をめぐる原爆の語りの出現は、恵の丘長崎原爆ホームや長崎純心聖母会の例も考え合わせると、浦上のカトリック教界全体における原爆死と生の意味づけの変化を示唆するものでもある。

この分析を足掛かりに、第五章「浦上の原爆の語り」では、戦後七〇年のあいだ、浦上のカトリック教徒によって原爆被害がどう語られてきたのかを、社会状況の変化も交えつつ考察を行なった。「核兵器廃絶、世界恒久平和」という現在の支配的な原爆の語りは、過去においてもつねに支配的な位置を占めていたわけではない。長崎の地方紙からは、占領下の長崎の言説空間において、原爆の語りのほとんどが原爆投下責任を追及するものではなく、米軍との親和性をもっていたということが読みとれる。燔祭説に見られる米軍との親和性や原爆投下責任を覆い隠すといった要素は、広島も含め、決して特殊なものではなかった。一九五〇年代以降の原水禁運動や被爆者運動の進展に伴ない、原爆被害を悲惨で残酷なものと捉え、核兵器に反対するといういまひとつの支配的な語りが芽生えてきた。これに加え、一九六〇年代後半以降の被爆体験証言運動や爆心地復元運動などの市民運動の広がりは、それまでの原水禁運動などを政治的なものとして距離を置いてきた浦上のカトリック教徒のあいだにも、浸透していく。

また、原子爆弾により多くの死者を出したことに加え、戦後のカトリック信者同士の結婚の減少や人口の流入による非カトリック教徒の増加により、親族一同、地域一帯が先祖代々のカトリック信者という状態が徐々に変化し、さらに、区画整理による町名の変更や信徒同士の親睦を深める役割を担ってきた講内会の解散などにより、個々のカトリック教徒と地域との結びつきも薄れるなかで、浦上の地域的共同体のつながりは弱まっていった。「道を歩くと、開け放った家々からお祈りの声が聞こえていた」「子どもも地域ぐるみで育てているようなもんだった」。被爆した浦上のカトリック教徒は一様に、原子爆弾により失われた古き良き「浦上」を懐かしく振り返る。「隣近所はみんな同じ信者」の理想的な地域共同体は、しかし、裏を返せば均質で排他的な側面ももっていたと考えられる。地域の結束は、原水禁運動や被爆者運動を共産主義的と捉え、その政治的な側面を嫌う傾向のある浦上のカトリック教界のなかで、原爆被害を語りにくくするという方向に作用した。地域のつながりの希薄化は、個々の浦上のカトリック教徒にとって決して好ましい変化ではなかったものの、原爆被害を語るという観点からは、その語り易さにつながるという一面ももっていたと考えられる。前記のコミュニティのつながりの弱体化と一九六〇年代後半以降の原爆被害に関わる市民運動の高まりは、浦上のカトリック教界における支配的な語りの変容の素地を準備することとなった。そこにローマ教皇ヨハネ・パウロ二世が来日することにより、カトリック教会が組織として動き出し、浦上の原爆の語りは、永井隆の影響の名残から抜け出し、戦争を否定すべきものと捉え、原爆被害の悲惨さを語り継ぐことの意義を強調するローマ教皇をめぐる語りへと大きく変容することになったと言える。終戦から時を経て、被爆者が高齢化し、社会状況が変化するなかで、かつて緊密な結びつきを誇った浦上の地域共同体の結束は弱まり、原爆死に肯定的な意味を与えることで集団間のひびを統合するという燔祭説の役割も薄れていった。このようななかで、教皇をめぐる原爆の語りは、周縁化されてきた原爆被害の悲惨さ、残酷さを訴える語りを掬い上げる役割を果たし、支配的な語りとして受けいれられていく。この浦上のカトリック教界における語りの変化は、死者の意味とともに、生者の生きる意味のダイナミックな転換でもあった。

本書では、「歴史と語り」という枠組みに沿って、地域に根差した集団における歴史的出来事の語りを概観し、語りのもたらす意味と力を考察してきた。個々人が原爆被害という出来事を意味づける語りは、多様である。本書で着目した燔祭説をめぐる語りもそうだが、原爆投下直後にささやかれた「原子爆弾は天罰」という語りもひとつの原爆死を意味づける語りであり、そのように語ることで被害を受けた人びとは、大切な人の死とみずからの生に対する意味を見出してきた。ただ、その語りを集団との関係性のなかで見ると、別の様相が浮かび上がる。M・アルヴァックスが言うように、記憶と忘却は社会との関係性のなかで行なわれ、集団のなかの個人の記憶と忘却は、どのように出来事が語られるか、あるいは語られないかということによって形成されていく。浦上のカトリック集団において、「原子爆弾は天罰」という語りが集団のあいだのひびを増幅する一方で、燔祭説はそのひびを統合するという相反する作用をもっていた。原爆投下という出来事は、個々の浦上のカトリック教徒、そしてカトリック集団にとって、共通した大事件だったが、個々人がそのことをどのように捉えて語るかで、集団にもたらされる意味は大きく異なっていたのである。ある歴史的出来事をめぐっては、当事者により多様な語りが生まれるが、集団を維持し、再建しようという意志が働く過程で、集団のなかのひびやきしみを増幅させるような語りは周辺へと追いやられ、燔祭説のようにこれまでの歴史的理解に沿って集団の存在意義を強める語りが支配的な語りとなる傾向にある。つまり、集団を維持していくうえで脅威となるような語りよりも、集団の結束を強めるような語りが支配的な語りとして選択され易くなるのである。結果として、浦上のカトリック集団において「原子爆弾は天罰」という語りは、燔祭説をめぐる対抗的な語りの登場によって影を潜め、原爆を機に信仰を捨てた人たちの語りもまた、見出しにくい周縁的な語りにとどまることとなった。第一章でもふれた、浅野智彦の言う「自伝や自分史を書くとき、人は自らの過去について単に記録しているのではなく、過去を物語へと加工することによって現在の自分を作り出しているのである」を集団に応用して考えると、「復興に向けて力を合わせて努力する浦上」というカトリック集団の現在のあるべき姿を作り出すために、原爆被害は語られたということが言える。燔祭説は、「復興」という反論を見出しにくい共通の目標を目指す過程で、永井隆という人物の存在を触媒として、数ある原爆の語りのなかから浦上のカトリック集団に意図的に選び取られたものとも言える。

では、燔祭説をめぐる語りでは、歴史を叙述するという観点から、何が強調され、何が覆い隠されていたのだろうか。「原爆死を神への燔祭とし、その犠牲によって平和がもたらされた」とすることにより、原爆死者は「潔《きよ》く善い人」であり、その死により平和がもたらされたという肯定的な意味が与えられる。それはなによりも当時の浦上のカトリック集団にとって肝要なことだったが、構造として、暴力による殺戮という原爆被害の問題性は不可視化され、原爆を投下した者の存在が見えなくなるという側面をもっていた。原爆被害とそれにより死んでいった者たちの美しさ、清らかさ、気高さが強調されることにより、原爆死の醜さ、残酷さ、悲惨さへの訴えは影をひそめ、憎しみ、怒り、恨みといった感情的要素も語られにくくなる。また、カトリック集団は苦難のおりも信仰を守り通したために神に選ばれたのであるから、戦時中の集団自身の行為に批判的な視線を注ぎにくくもなる。戦時中、浦上教会では戦闘機の寄付のための献金が進んで行なわれ、司祭のなかには、カトリック信者の多い「南方」に宣撫班として出向いていた者も少なくなかったが、内部からこれらの戦争協力に批判が向けられる機会は少なかった。人は、理不尽な死になんらかの意味を見出さなければ、前に歩みだすことはできない。燔祭説により、残された者は暴力による不合理な死に意味を与え、慰めと生きる力を得て、人生を歩んできた。燔祭説が統合しようとした「ひび」は、永井が「原子爆弾が私たち長崎市民に加えた破壊のなかで、もっともむごいものでありました」と述べるように、浦上のカトリック教徒と集団が抱く、癒えることのない深い苦痛そのものでもあったのではないだろうか。浦上の輝く「復興」を目指して語られた燔祭説が覆い隠そうとしたのは、率先して復興を導き、あるいは支える人たちのあいだで、消えることなく疼き続ける痛みでもあったのかもしれない。

これに対して、第四章でも述べたように、教皇をめぐる語りは、「戦争を否定すべきものと捉え、原爆死よりも戦争の悲惨さを語り継ぐことの意義を強調することで、語る者の憎しみや怒りといった感情的要素を掬い上げるという構造をもっており、『戦争は人間のしわざ』と規定することで、原爆を否定する回路を開くという点に、燔祭説をめぐる語りとの大きな違いがある」。過去の出来事を語るということは、本質的に出来事を意味づけることであり、その点で、原爆死には語られた時点からの意味が与えられる。そして過去の意味が変化するということは、現在の生きる意味と行動が変化するということでもある。二〇一四（平成二六）年の長崎大司教区の平和旬間には、八月九日の平和祈願ミサや松明行列を中心に、追悼行事のみでなく、「原爆資料館じっくりツアー」「広島ピース・スタディ」「沖縄平和学習」「平和を願うコンサート」などの多彩な催しが揃い、八月九日前後に長崎市で催されるさまざまな平和関係のイヴェントに彩を添えている。原爆という歴史的出来事の意味が変容するということは、被爆から何十年を経ても、浦上の個々のカトリック教徒とカトリック集団の生と存在、そして原爆被害に関わる活動を変容させる力をもっていた。かつて「ひたすら被爆を『神が課した試練』としか受け止めず、被爆者らの平和運動にも沈黙し続けてきた」(『西日本新聞』一九八一年二月二七日)と批判されたカトリック教会は、原爆被害を語ることに積極的な意味がもたらされたいま、「核兵器廃絶、世界恒久平和」という現在の長崎の言説空間における支配的な語りに沿い、組織として長崎における平和運動の一翼を担っている。

カトリック教界における支配的な原爆の語りが、永井隆をめぐるものから、教皇をめぐるものに変容する過程は、周縁化された歴史的出来事の語りが、どのように意味を見出され、浮き上がってきたのかを示す軌跡でもある。原爆という出来事は、われわれのなかで、変容しつつ、いまも生み出されている。本書で着目したカトリック集団における語りの変容は、複数の社会状況の変化に教皇の来訪という要因が加わることで、目に見えるかたちで現われた。原爆死だけを見ると、美しく尊いものから悲惨で残酷なものに、ポジティヴなものからネガティヴであるからこそ意味をもつものへと、一八〇度その意味が変換されている。これは、ときにあるひとつの集団において、歴史的出来事が、集団を取り巻く状況の変化によってまったく逆の意味をもつものに語られる可能性があることを示している。

原爆被害を表に出すことを阻む要因としては、戦時中の大日本帝国政府、戦後のアメリカ政府による報道への検閲が注目されることが多かったが、実際、原爆被害が語られないという状況は、今回のカトリック集団の検討に見られるように、そのような時の権力のあからさまな圧力だけによってもたらされるわけではない。このことは、歴史的出来事を追及する際に、叙述的な側面も合わせて検討しなければ、本質には迫りえないということを示している。鹿島徹は、物語り論的歴史理解が「隠蔽・排除されたものの痕跡を手がかりとした新たな歴史の語りをうながすという潜勢力」となると述べているが、その視角を手がかりに、語られないものが潜勢力であるにとどまらず、実際に歴史を語る集団のなかで、複数のプロセスを経て表に浮かび上がり、歴史的出来事の支配的な語りを変容させる様相の一端を提示することができたのではないかと思う。

語られなかったものは多く、語られたことはごくわずかである。純心の関係者の松下ミネは、「今も家族に話していない、話せない。八月九日、この一日が暦から消えればよいのに」とその苦痛に満ちた胸の内を綴っているが、苛烈な体験のなかには、言葉にすることもできず、書き残せなかったものも多くある。言葉となっていたとしても、前述の『ナガサキの被爆者』に登場するMのように、原爆被害を機に信仰を捨てた人たちの原爆の語りは、カトリック教界において肯定的に評価されるものではないために、いまでは資料が豊富とは言えないカトリック教界にあっても、いっそう見出しにくい周縁的な語りとなっている。また、広島の被爆体験記集には、被爆当時の広島における信徒数を記載するなかに「朝鮮半島から強制連行されて広島に来た人々のうち多くがカトリック信徒であったといわれています」[★7]という一文があるが、長崎市および広島市で被爆した朝鮮の人びとの原爆被害に至っては、ごく一部を除き、被爆状況はもちろんその人数も定かではなく、全容も不明である。

調査を行なうなかで、幾人もの被爆したカトリックの方のお話を聞く機会があった。原爆が投下されたときの状況、大切な家族がどんな様子で亡くなり、自分がどんな傷を負って生きてきたのか、被爆後のバラックで過ごしたときのこと……多くは、辛く、悲しい話である。ただ、そのなかにあって嬉しそうに、生き生きと語られる情景がある。「あなたは知らんでしょうが、ここにはこんな建物があってねぇ」「あのころは一日に五組も六組も結婚式がありよった」「ああ、畑のあいだにぽつぽつと家があるような風景で……」。ときおり、柔らかな表情の語り手のお話を聞くなかで、筆者の知らない浦上という町が、まるで目の前に立ち上がってくるように感じるときがあった。同時に、「あの人だったら、よく知っていたんだけど……」という答えを聞くことがいく度もあった。亡くなった、あるいは生きていらしてもお話を聞けない状態になっている……。お話を聞こうとする方がつい数年前に亡くなられていたことに悔しい思いを抱くときもあり、お話をうかがった方の訃報を新聞で知り、茫然とすることもあった。被爆から七〇周年を迎えるいま、被爆した浦上のカトリックの人びとの体験、そして浦上の復興の中心となってきた人びとの体験を直接聞くことは、ずいぶん難しくなってきている。

一万二〇〇〇人という被爆した浦上のカトリック信者の数に対し、残された被爆体験記の数は少ない。最近やっとインタビュー調査に基づいた意欲的な研究も出てきているが、[★8]これまで浦上のカトリック集団に焦点を当てた研究がほぼなかったのは、その資料の少なさを反映したものでもあろう。かろうじて被爆者の話を直接うかがうことのできるいまは、被爆者の語りを語りが生まれる現場で観察し、検討することのできる最後の機会でもあった。また、本研究は、浦上のカトリック教界の各組織および個人に資料調査や聞き取り調査を受け入れていただくことによって、実現することができたが、学究の先達のお話をうかがって現在の自分の研究状況を振り返るとき、原爆被害を語ることについてのこのような調査を受け入れ、お話を聞かせていただくことができたということも、この七〇年間の浦上のカトリック教界の変化のひとつであると感じる。失われたものは多く、残されたものは少ないけれども、それは決して被害がそこに存在しなかったということと同義ではない。本書は、このことに抵抗したひとつの語りでもある。原爆被害を体験し、被害を伝える核となってきた集団が消えゆくいま、体験をもたない世代の原爆被害の語りを否定する存在もまた、失われようとしている。歴史に携わるもののひとりとして、残された断片的な記録あるいは空白からであれ、失われたものの痕跡を辿る努力を積み重ねていくことができればと思っている。

謝辞

本書は、二〇一三年度九州大学大学院比較社会文化学府博士論文に加筆・修正を加えたものである。博士論文および本書の作成にあたり、多くの方からご支援、ご協力をいただいたことに対し、ここに心より感謝を表したい。

九州大学大学院比較社会文化学府修士課程に入学して以来、社会学、史学など、様々な学問分野の先生にご指導いただき、ここに本書の完成を見ることができた。博士論文の執筆に際し、指導教員団として厳しくかつ温かいご指導いただいた世話人教員の直野章子先生を始め、有馬学先生、吉田昌彦先生、鏑木政彦先生、マシュー・オーガスティン先生、また、学位論文の審査に加わっていただいた宇吹暁先生、西村明先生に対し、深く御礼申し上げる。

インタビューおよび資料調査にご協力いただいた、学校法人純心女子学園純心女子高等学校・純心中学校元校長佐藤洋子氏を始めとする純心女子学園および純心同窓会関係者の方々、社会福祉法人純心聖母会恵の丘長崎原爆ホーム施設長堤房代氏および同別館鹿山彰氏、長崎市永井隆記念館の方々、長崎の証言の会の森口貢氏を始めとする事務局の方々、長崎女性史研究会国武雅子氏、カトリック長崎大司教区広報委員会鹿山みどり氏、カトリック植松教会司祭紙崎新一氏、カトリック浦上教会信徒深堀好敏氏、深堀繁美氏、片岡津代氏には、ご多忙の折、貴重な時間を割いて真摯にご対応いただいた。出版に至るまでの間に片岡氏の訃報を聞くこととなり、非常に残念だったが、ご協力に対し、感謝の念に堪えない。

研究にあたっては、日本学術振興会特別研究員として、特別研究員奨励費（二〇一〇〜二〇一二年度「原爆の記憶の形成におけるキリスト教の影響――広島・長崎の語りを比較して」）をいただくことで、本書につながる調査を順調に進めることができた。また、博士課程修了後に客員研究員として籍を置いた長崎大学核兵器廃絶研究センター（RECNA）では、先生方、スタッフの温かいご理解とサポートにより、長崎をフィールドに研究を続ける環境と足場を与えていただいた。

本書の作成にあたり、葉柳和則先生を始めとする「長崎とその表象」研究会の方々、公益財団法人長崎平和推進協会写真資料調査部会の方々に多くの有益な示唆をいただいた。また、一昨年に始まった「長崎原爆の戦後史をのこす会」のメンバーによる活動は、現在も継続する研究に深みと広がりを与えてくれている。そして、比較社会文化学府で共に学んだ仲間の支えなくしては、この本を書き終えることはできなかった。ここに改めてお礼を申し上げたい。

未來社の天野みか氏に厳しい出版情勢のなかで、本書の出版の機会を与えていただき、出版までの道のりを支えていただいたことも特筆しておきたい。

このほか、お名前をあげればきりがないほど多くの方の温かい励ましと支えをいただき、この本の上梓に至ったことを痛感している。残念ながらお世話になった方々すべてのお名前をここにあげることはできないが、この場を借りてお礼申し上げる。

最後に、私の大学院への進学を積極的に応援してくれた両親と、遠隔地への通学を見守り、共に努力してくれた夫、利久磨に感謝を捧げたい。

註

第一章

1 福田須磨子『詩集　烙印』、長崎原爆被災者協議会、一九六三年、三六〜三七頁。

2 Halbwachs, Maurice, *La mémoire collective*, 1950.（小関藤一郎訳『集合的記憶』、行路社、一九八九年）

3 Nora, Pierre, "*Entre Mémoire et Histoire: La problématique des lieux*"/ Editions Gallimard, 1984.（長井伸仁訳「序論 記憶と歴史のはざまに」、『記憶の場——フランス国民意識の文化＝社会史1』、岩波書店、二〇〇二年、三二頁）

4 Nora, Pierre, "*From Lieux de mémoire to Realms of Memory*," *Realms of Memory: Rethinking the French Past*: Columbia University Press, 1996.（谷川稔訳「『記憶の場 Lieux de mémoire』から『記憶の領域へ Realms of Memory』」、『記憶の場——フランス国民意識の文化＝社会史1』、前掲、一五頁）

5 同前、二八頁。

6 Thompson, Paul, *The Voice of the Past: Oral History* Third Edition: Oxford University Press, 2000.（酒井順子訳『記憶から歴史へ——オーラル・ヒストリーの世界』、青木書店、二〇〇二年）

7 阿部安成ほか編『記憶のかたち——コメモレイションの文化史』、柏書房、一九九九年、九頁。

8 Danto, Arthur C., *Analytical Philosophy of History*: The Cambridge U. P., 1965.（河本英夫訳『物語としての歴史——歴史の分析哲学』、国文社、一九八九年、三七頁）

9 同前、一一八頁。

10 同前、一六〇頁。

11 White, Hayden, Metahistory: *The Historical Imagination in Nineteenth-Century Europe*: The Johns Hopkins University Press, 1973.

12 Friedlander, Saul ed., *Probing the Limits of Representation: Nazism and the "Final Solution"*: Harvard University Press, 1992.（上村忠男・小沢弘明・岩崎稔訳『アウシュヴィッツと表象の限界』、未來社、一九九四

年、五七頁)

13 Ricoeur, Paul, *TEMPS ET RÉCIT Tome I*, Éditions du Seuil, 1983.(久米博訳『時間と物語――物語と時間性の循環/歴史と物語』、新曜社、一九八七年)

14 鹿島徹『可能性としての歴史――越境する物語り理論』、岩波書店、二〇〇六年、七頁。

15 成田龍一『「戦争経験」の戦後史――語られた体験/証言/記憶』、岩波書店、二〇一〇年。

16 成田龍一『増補〈歴史〉はいかに語られるか――一九三〇年代「国民の物語」批判』、筑摩書房、二〇一〇年。

17 成田龍一『近現代日本史と歴史学――書き替えられてきた過去』、中央公論新社、二〇一二年。

18 『増補〈歴史〉はいかに語られるか――一九三〇年代「国民の物語」批判』、前掲、一四頁。

19 川村湊ほか『戦争はどのように語られてきたか』、朝日新聞社、一九九九年、九頁。

20 小田中直樹『歴史学って何だ?』、PHP研究所、二〇〇四年。

21 キャロル・グラック『歴史で考える』、岩波書店、二〇〇七年。

22 歴史学研究会『現代歴史学の成果と課題 1980-2000年 I 歴史学における方法的転回』、青木書店、二〇〇二年。

23 野口は、ナラティヴという言葉には、「語り」と「物語」の二つの意味が含まれており、前者は「語る」という行為に重点があり、後者は「語られたもの」の形式や構造に重点があると説明している(野口祐二『物語としてのケア――ナラティヴ・アプローチの世界へ』、医学書院、二〇〇二年、二〇頁)。

24 同前。

25 浅野智彦『自己への物語論的接近――家族療法から社会学へ』、勁草書房、二〇〇一年、六頁。

26 桜井厚『インタビューの社会学――ライフストーリーの聞き方』、せりか書房、二〇〇二年。

27 野家啓一『物語の哲学――柳田國男と歴史の発見』、岩波書店、一九九六年。二〇〇五年にこれを増補した『物語の哲学』を出版。

28 同前、一二頁。

29 野家啓一『物語の哲学』、岩波書店、二〇〇五年。

30 『可能性としての歴史――越境する物語り理論』、前掲書。
31 飯田隆ほか『岩波講座　哲学11――歴史／物語の哲学』、岩波書店、二〇〇九年。
32 吉見義明『従軍慰安婦』、岩波書店、一九九五年／『歴史学って何だ?』、前掲書。
33 坂本多加雄『歴史教育を考える』、PHP新書、一九九八年、四六頁。
34 上野千鶴子「ポスト冷戦と『日本版歴史修正主義』」、『ナショナリズムと「慰安婦」問題』、日本の戦争責任資料センター、青木書店、一九九八年、一〇三頁。
35 同前、一一八頁。
36 『物語としての歴史――歴史の分析哲学』、前掲、一六一頁。
37 吉見義明「『従軍慰安婦』問題と歴史像――上野千鶴子氏に答える」、『ナショナリズムと「慰安婦」問題』、前掲、一三一頁。
38 高橋哲哉『思考のフロンティア――歴史／修正主義』、岩波書店、二〇〇一年、四四頁。
39 高橋哲哉『記憶のエチカ』、岩波書店、一九九五年、五頁。
40 『アウシュヴィッツと表象の限界』、前掲書など。
41 Caruth, Cathy ed., *Trauma: Explorations in Memory*, The Johns Hopkins University Press, 1995.（下河辺美知子『トラウマへの探究――証言の不可能性と可能性』、作品社、二〇〇〇年）
42 同前、二三一頁。
43 Ricoeur, Paul, *La Mémoire L'histoire*, L'oubli, Éditions du Seuil, 2000.（久米博訳『記憶・歴史・忘却　上』、新曜社、二〇〇四年、三九九頁）
44 貫成人『歴史の哲学――物語を越えて』、勁草書房、二〇一〇年、八七頁。
45 『物語の哲学――柳田國男と歴史の発見』、前掲、八四頁。
46 鹿島は、「物語り行為」としての側面に光を当てるため、表記を「物語り」としている（『可能性としての歴史――越境する物語り理論』、前掲、九頁）。
47 『可能性としての歴史――越境する物語り理論』、前掲、六頁。

48 『戦争はどのように語られてきたか』、前掲、一〇九～一一〇頁。
49 『歴史学って何だ?』、前掲、八一頁。
50 『歴史で考える』、前掲書。
51 『記憶のエチカ』、前掲、五頁。
52 直野章子「第3章　原爆被害者と『こころの傷』――トラウマ研究との対話的試論」、『戦争と民衆――戦争体験を問い直す』(一橋大学大学院社会学研究科先端課題研究叢書3)、三谷孝編、旬報社、二〇〇八年、九五頁。
53 広島市『広島原爆戦災誌』一～五巻、一九七一年。
54 広島県『原爆三十年――広島県の戦後史』、一九七六年。
55 広島都市生活研究会編『都市の復興――広島被爆40年史』、広島企画調整局文化担当、一九八五年。
56 広島県『広島県史』、一九七二年。
57 広島市『広島新史』、一九八三～四年。
58 長崎市『長崎原爆戦災誌』一～五巻、一九七七～八三年。
59 長崎市役所総務部調査統計課『長崎市制六十五年史　前・中・後編』、一九五六～五九年。
60 長崎県史編集委員会『長崎県史　近代編』、吉川弘文館、一九七六年。
61 長崎市史編さん委員会『新長崎市史　第四巻現代編』、長崎市、二〇一三年／『同　第三巻近代編』、二〇一四年。
62 NGO被爆問題国際シンポジウム長崎準備委員会・長崎報告作成専門委員会『原爆被害の実相――長崎レポート』、一九七七年。
63 ISDA JNPC編集出版委員会『被爆の実相と被爆者の実情――1977 NGO被爆問題シンポジウム報告書』、朝日イブニングニュース社、一九七八年。
64 広島市長崎市原爆災害誌編集委員会編『広島・長崎の原爆災害』、岩波書店、一九七九年。
65 広島市『広島新史　市民生活編』、一九八三年、四二四頁。
66 「長崎の証言」刊行委員会『長崎の証言――戦争と原爆の体験を見つめ証言する長崎の声』、一九六九年。
67 『長崎市制六十五年史　後編』、前掲、一九五九年。

68 永井隆『長崎の鐘』、日比谷出版社、一九四九年。
69 長岡弘芳『原爆文学史』、風媒社、一九七三年、三頁。
70 同前。
71 今堀誠二『原水爆時代　上下』、三一書房、一九五九〜六〇年。
72 広島市『広島新史　歴史編』、一九八四年。
73 広島県『広島県史　原爆資料編』、一九七二年。
74 宇吹暁『平和冊子No.8　平和記念式典の歩み』、財団法人広島平和文化センター、一九九二年／宇吹暁編著『原爆手記掲載図書・雑誌総目録1945-1995』、日外アソシエーツ、一九九九年／宇吹暁『ヒロシマ戦後史――被爆体験はどう受けとめられてきたか』、岩波書店、二〇一四年など。
75 Braw, Monica, *THE ATOMIC BOMB SUPPRESSED: AMERICAN CENSORSHIP IN JAPAN* 1945-1949, 1986.（立花誠逸訳『検閲　1945-1949――禁じられた原爆報道』、時事通信社、一九八八年）／繁沢敦子『原爆と検閲』、中央公論新社、二〇一〇年。
76 米山桂三「被爆地広島にみる社会変動」、「法学研究」三七（一二）、一九六四年、五七〜九七頁／米山桂三・川合隆男「原爆と社会変動（一）――原爆被災者の社会人口誌学的考察と職業・職場集団の原爆体験」、「法学研究」三八（九）、一九六五年、一〜五三頁／米山桂三・川合隆男「原爆と社会変動（二・完）――原爆被災者の社会人口誌学的考察と職業・職場集団の原爆体験」、「法学研究」三八（一〇）、一九六五年、三三〜七六頁／米山桂三・川合隆男・原田勝弘「原爆被爆とその後の社会生活――地区事例調査による比較考察」、「法学研究」四一（三）、一九六八年、二三〜八八頁。
77 石田忠編著『反原爆』、未來社、一九七三年。
78 石田忠編『続・反原爆』、未來社、一九七四年。
79 濱谷正晴『原爆体験――六七四四人・死と生の証言』、岩波書店、二〇〇五年。
80 下田平裕身「企業と原爆――三菱長崎製鋼所の原爆死亡者調査から」、「經濟と經濟學」四二、一九七九年、七一〜一三七頁。

81 浜日出夫・有末賢・竹村英樹編著『被爆者調査を読む――ヒロシマ・ナガサキの継承』、慶応義塾大学出版会株式会社、二〇一三年、七七～一〇一頁。

82 志水清ほか「広島原爆被爆者の社会医学的研究1　老齢原爆被爆者の社会医学的観察（第1報）」、「廣島醫學」一五（一）、一九六二年、五二～五八頁。

83 Lifton, Robert Jay, *DEATH IN LIFE: Survivors of Hiroshima*, New York: Random House, 1968.（桝井迪夫ほか訳『ヒロシマを生き抜く――精神史的考察　上下』、岩波書店、二〇〇九年）

84 高橋眞司「長崎原爆の思想化をめぐって――永井隆から秋月辰一郎へ」、「社会思想史研究」一〇、一九八六年、三三～四三頁／「『祈りの長崎』批判――『劣等被爆都市』から『平和の祈り』」、「世界」（六九二）、二〇〇一年、七五～八二頁。

85 江嶋修作・春日耕夫・青木秀男「広島市における『被爆体験』の社会統機能をめぐる一研究」、「商業経済研究所報」（一五）、一九七七年。

86 Yoneyama, Lisa, "For Transformative Knowledge and Postnationalist Public Spheres: The Smithsonian Enora Gay Controversy" T. Fujitani, Geoffrey M. White, and Lisa Yoneyama eds., *Perilous Memories: The Asia-Pacific War(s)*, Duke University Press, 2001; Harwit, Martin, *An Exhibit Denied――Lobbying the History of Enora Gay*, Copernicus, New York, 1996（山岡清二監訳、渡会和子・原純夫訳『拒絶された原爆展――歴史のなかの「エノラ・ゲイ」』、みすず書房、一九九七年）など。

87 Yoneyama, Lisa, *Hiroshima Traces: Time, Space, and the Dialectics of Memory*, University of California Press, 1999.（小沢弘明・小澤祥子・小田島勝浩訳『広島――記憶のポリティクス』、岩波書店、二〇〇五年）

88 直野章子『「原爆の絵」と出会う――込められた想いに耳を澄まして』、岩波書店、二〇〇四年／「第3章　原爆被害者と『こころの傷』――トラウマ研究との対話的試論」、『戦争と民衆――戦争体験を問い直す』、前掲書／「トラウマ記憶と主体――原爆生き残りの証言から」、『ソウル大学社会学科・九州大学比較社会文化学府　国際学術ワークショップ「記憶と表象から読む東アジアの20世紀」報告書』、ソウル大学、二〇一〇年、一～一一頁／『被ばくと補償――広島、長崎、そして福島』、平凡社、二〇一一年／「原爆被害者と〈戦後日本〉――被害意識の形成から反原爆へ」、『シリーズ戦後日本社会の歴史4　社会の境界を生きる人びと――戦後日本の縁』、安田常雄編、岩波書店、二〇一三年、二二〇～二四七頁など。

89 西村明『戦後日本と戦争死者慰霊――シズメとフルイのダイナミズム』、有志社、二〇〇六年など。

90 小沢節子『「原爆の図」――描かれた〈記憶〉、語られた〈絵画〉』、岩波書店、二〇〇二年。

91 川口隆行『原爆文学という問題領域』、創言社、二〇〇八年。

92 奥田博子『原爆の記憶――ヒロシマ／ナガサキの思想』、慶応義塾大学出版会、二〇一〇年。

93 福間良明『焦土の記憶――沖縄・広島・長崎に映る戦後』、新曜社、二〇一一年。

94 末廣眞由美「長崎平和公園――慰霊と平和祈念のはざまで」、『死生学4――死と死後をめぐるイメージと文化』、小佐野重利・木下直之編、東京大学出版会、二〇〇八年、一九九～二三三頁。

95 高山真「原爆の記憶を継承する――長崎における『語り部』運動から」、『過去を忘れない――語り継ぐ経験の社会学』、桜井厚ほか編、せりか書房、二〇〇八年、三五～五二頁／冨永佐登美「非体験者による被爆をめぐる語りの課題と可能性――平和案内人の実践を手がかりに」、「文化環境研究」六、二〇一二年、一六～二五頁など。

96 下田平裕身「企業と原爆――三菱長崎製鋼所の原爆死亡者調査から」、前掲、七二頁。

97 「長崎原爆の思想化をめぐって――永井隆から秋月辰一郎へ」、前掲、三八頁。

98 カトリック長崎大司教区『旅する教会――長崎邦人司教区創設50年史』、一九七七年、三二頁。

99 被爆した二都市、広島、長崎における原爆被害の記憶の発信の違いを表わしたもの。「祈りの長崎」は、キリスト教的イメージに加え、広島と比較して消極的な長崎という批判的な意味を込めて使われることが多い。ただ、批判的な意味を含まない使用法もある。たとえば、一九七三（昭和四八）年に旧長崎国際文化会館の原爆資料室を拡充した際には、「祈りの長崎」というゾーンが設けられた。カトリック教界では、「祈りの長崎の神髄は実現されなければなりません」（「カトリック教報」一九九五年八月一日）というように、信仰と結びつけて肯定的に使用される場合がある。「怒りの広島、祈りの長崎」という言葉がいつ頃から聞かれるようになったのかは定かではないが、「広島の積極に対して長崎の消極が、あらゆる問題でいつもはつきりと批判されました」（長崎原爆青年乙女の会『もういやだ――原爆の生きている証人たち』、原水爆禁止世界大会長崎実行委員会、一九五六年、一三三頁）というような広島と長崎を積極性と消極性において対比する指摘は、すでに原水爆禁止、被爆者運動が始まった一九五〇年代半ばに見ることができる。確認できたかぎり、「中国新聞」で初めてこの言葉が使用されるのは一九七〇年代であり、同時期に少し言いまわしの異なる「広島の怒り、長崎の寛容」（長崎県教職員組合長崎総支部　長崎市原爆被爆教師の会『沈黙の壁をやぶって』、労働旬報社、一九七〇年、二二頁）という言葉が使用されていることから、キャッチフレーズとして定着するのは、一九七〇年代以降と推察される。ただ、すでに一九六〇年代から、長崎の原爆被害とキリスト教的なイメージを結びつけた批判（田所太郎「戦後ベストセラー物語8　この子を残して」、「朝日ジャーナル」、一九六五年一二月、四二～四六頁など）は確認でき、この元となる流れは、より早くから存在していた。

100 本書では、原爆被害を意味づける語りの意で用いる。「被爆」とも置き換えられるかもしれないが、原爆による直接的な被害に加え、核兵器に対する姿勢等、原爆に関わるより広い文脈での語りを含めるために「原爆」という言葉を用いる。また、「語り」という言葉を、「語る」という行為と「語られたもの」という行為の産物（野口祐二『ナラティヴ・アプローチ』、勁草書房、二〇〇九年、一頁）の双方の意味を含むものとして使用する。前註にあるように、鹿島は、「物語り行為」としての側面に光を当てるため、「物語り」と表記しており、本書の姿勢としても「語る」という行為に重点を置くことについて異論はないが、「物語り」とすると、音読すれば「物語」と同様で紛らわしく、元来この言葉がもつ意味の一つにより、フィクション性が強調されるという弊害があると考える。

101 谷口伸子「原爆を通して示された道」、『純女学徒隊殉難の記録』一版、純心女子学園、一九六一年、九一頁。

102 燔祭（ホロコースト）とは、本来ユダヤ教において、供えられた動物を祭壇ですべて焼いて神に捧げることを指した宗教的な用語。長崎では原爆死を神への犠牲と捉えて、この言葉を使用する場合がある。本書では「燔祭説」とする。もともとカトリックには、迫害に対して命を捧げることで信仰を証しする「殉教」という概念がある。殉教と燔祭説は、ともに死に信仰における意味を与えるものだが、信仰のみを理由とするか否かという点で異なっている。これらの関係については、今後さらに長崎という地域性を含めた検討が必要である。

第二章

1　一九八四（昭和五九）年に東京教区に抜かれた。二〇一三年現在、日本のカトリック教会の総信者数は約四四万五〇〇〇人であるが、このうち約六万二〇〇〇人を長崎教区の信者が占める。いまだ全教区のなかで東京に次ぐ数である。また、人口に対する信者率は、全国平均〇・三五％に対し四・三六％と、全教区のなかでもっとも高い（カトリック中央協議会出版部『カトリック司教協議会イヤーブック2015』、カトリック中央協議会、二〇一四年）。

2　西田秀雄編『神の家族400年――浦上小教区沿革史』、浦上カトリック教会、一九八三年、一〇七頁。

3　『広島・長崎の原爆災害』（前掲）より。原爆死者数にはいくつかの推定値があり、長崎原爆資料館は一九四九（昭和二四）年の長崎市原爆資料保存委員会調査による死者数七万三八八四人を使用している。

4　市内のカトリック教徒約二万人のうち、大半の一万五～六〇〇〇人がこの地域に住み、このうち約一万人が亡くなったという記述もある（長崎原爆資料館『長崎原爆戦災誌　第一巻　総説編　改訂版』、長崎市、二〇〇六年、三〇八頁）。

5　長崎部落研究所『ふるさとは一瞬に消えた――長崎・浦上町の被爆といま』、解放出版社、一九九五年。

6　阿南重幸「浦上（URAKAMI）であること――原爆と部落とキリシタン」、第37回カトリック正義と平和全国集会2012長崎大会分科会報告原稿、二〇一二年。

7　『長崎原爆戦災誌　第一巻　総説編　改訂版』、前掲、三〇七頁。

8　調来助編『長崎――爆心地復元の記録』、日本放送出版協会、一九七二年、一〇～一一頁。

9　西村豊行『ナガサキの被爆者――部落・朝鮮・中国』、社会新報、一九七〇年。

10　同前、三七頁。

11　浦上のカトリック信者には同姓が多く、姓によって先祖代々の浦上教会所属の信者かどうかをほぼ判別できるほどである。「深堀」「片岡」「田川」などの姓が代表的である。

12　同前、四〇頁。

13　『長崎――爆心地復元の記録』、前掲、一一頁。

14 筆者の被爆したカトリック教徒に対するインタビューにおいて、これらの差別に対する裏づけは得られなかった。

15 逆にカトリック教徒側は、非カトリック教徒を「ゼンチュー」（「ゼンチョ」ともいう／異教徒の意）と呼ぶことがあった（山里浜口地区原爆復元の会『爆心の丘にて――山里浜口地区原爆復元の会』、長崎の証言刊行委員会、一九七二年、三四三頁）。

16 片岡弥吉『永井隆の生涯』改訂二刷、中央出版社、一九六一年。

17 永井誠一『永井隆――長崎の原爆に直撃された放射線専門医師』、サンパウロ、二〇〇〇年。

18 一九七〇（昭和四五）年に「週刊朝日」で紹介されたのち、朝日新聞社から復刻版が出版された（『長崎医大原子爆弾救護報告』、一九七〇年）。現在、長崎大学大学院医歯薬学総合研究科原爆後障害医療研究施設所蔵。

19 永井隆『花咲く丘』、日比谷出版社、一九四九年、二五〇〜二五一頁。

20 永井隆『ロザリオの鎖』、ロマンス社、一九四八年。

21 永井隆『この子を殘して』、大日本雄弁会講談社、一九四八年。

22 永井隆『亡びぬものを』、長崎日日新聞社、一九四八年。

23 永井隆『生命の河』、日比谷出版社、一九四八年。

24 『花咲く丘』、前掲書。

25 永井隆『いとし子よ』、講談社、一九四九年。

26 永井隆『如己堂随筆』、中央出版社、一九五一年。

27 永井隆『乙女峠』、中央出版、一九五二年。

28 出版年鑑編集部編『平成21年版出版年鑑①資料・名簿』、出版ニュース社、二〇〇九年。

29 永井は私財を投じて図書室「うちらの本箱」を作った。死後、賛同したブラジル在留邦人の寄付金と市費により、一九五二（昭和二七）年に「長崎市立永井図書館」が開館。一九六九（昭和四四）年には遺品や写真なども合わせて展示するようになり、「長崎市立永井記念館」と改称。さらに、二〇〇〇（平成一二）年に全面改築し、「長崎市永井隆記念館」と改称している（『永井隆の生涯』、前掲書・長崎市永井隆記念館パンフレットより）。

30 「己の如く隣人を愛せよ」という聖書の教えに基づく永井隆の座右の銘のひとつ。「如己堂」という名前もここに由来する。

31 このときの「原子爆弾死者合同葬弔辞」は、推敲を経て『長崎の鐘』に収録された。原本と下書き原稿を長崎市永井隆記念館が所蔵している。

32 前記『原子爆弾救護報告』を除く。

33 長田新編『原爆の子――廣島の少年少女のうったえ』、岩波書店、一九五一年。

34 『検閲 1945-1949――禁じられた原爆報道』、前掲、一四二頁。

35 故浦上教会信徒、山田市太郎氏。

36 『長崎の鐘』、前掲、一七一～一七九頁。

37 『長崎の鐘』、前掲、一七五～一七六頁。

38 『長崎の鐘』、前掲、一七七頁。

39 旧約聖書「ヨブ記」の一節で、ヨブが発した「わたしは裸で母の胎を出た。裸でそこに帰ろう。主は与え、主は奪う。主の御名はほめたたえられよ」（共同訳聖書実行委員会『聖書 新共同訳』、日本聖書協会、一九九六年）という言葉からの引用。正しい人ヨブは、子宝に恵まれ富み栄えていたが、突然の不幸で子供達と財産を失い、自分自身も重い皮膚病に罹る。「ヨブ記」には、この理不尽な苦難と神への信仰との葛藤が綴られている。

40 神が宇宙万物および一人ひとりの人間を知り、保持し、神が定めた目的に達するよう慈しみ深く導く、その働きを指す。運命論と似ているが、運命がただの必然や偶然ではなく、神の慈しみによって定められるというカトリック信仰に基づく点に違いがある。摂理という概念は、原爆によらず、キリスト教徒に辛く苦しい出来事、たとえば愛する人の死を神の意志として受け入れることを助け、人々に安らぎを与えるという役割を担ってきた（学校法人上智学院新カトリック大事典編纂委員会『新カトリック大事典 第三巻』、研究社、二〇〇二年）。前記の語りは、従来の苦難と同様に、原爆被害にこの摂理という考えを適用したものである。

41 雑誌「婦人世界」（永井隆「ロザリオの鎖」、「婦人世界」（一）、一九四七年、二二一～二二六頁）。

42 原稿は長崎市永井隆記念館所蔵。

43 『ロザリオの鎖』、前掲、七一頁。

44 雑誌『キング』の連載（永井隆「この子を残して」、『キング』二四（四）、一九四八年、三二〜三三頁）初出。
45 『この子を殘して』、前掲、二三〜二四頁。
46 柏崎三郎「茶番劇の系譜――永井隆の意味するもの」、『地人』（五）、長崎文学懇話会地人編集部、一九五五年一〇月、八〜一三頁。
47 『長崎市制六十五年史　後編』、前掲書。
48 「戦後ベストセラー物語8　この子を残して」、『朝日ジャーナル』、前掲書。
49 山田かん「偽善者・永井隆への告発」、『潮』一五六、一九七二年、二三一〜二三七頁。後に「聖者・招かざる代弁者」として『長崎原爆・論集』（山田かん、本多企画、二〇〇一年）に再録。
50 同前、二三二頁。
51 「『永井隆偽善者』論にやっぱり出た侃々諤々」、『カトリックグラフ』、一九七二年八月、八〜一一頁。
52 小崎登明「愛と平和を叫び続けた…パウロ・永井隆の世界」、『聖母の騎士』、一九七五年八月、二二〜二五頁。
53 長岡弘芳「原爆被災文献目録と解題の試み――資料・体験記・運動・文学の部」、『平和研究』（一）、一九七六年、一九五頁。
54 近藤嘉昭「永井隆の原爆観」、『国際経済大学論集』一〇（一）、一九七六年、八九〜一〇三頁。
55 井上ひさし「ベストセラーの戦後史5　永井隆『この子を残して』昭和二十四年――原爆投下は神の〝恩寵〟だった？」、『文藝春秋』六五（七）、一九八七年六月、三六四〜三六九頁。のちに『ベストセラーの戦後史1』（井上ひさし、文藝春秋、一九九五年）に再録。
56 「長崎原爆の思想化をめぐって――永井隆から秋月辰一郎へ」、前掲書。
57 高橋眞司「『長崎の鐘』再考――永井隆と浦上燔祭説」、『月刊チャペルアワー』（一四九）、一九八七年。
58 高橋眞司『長崎にあって哲学する――核時代の死と生』、北樹出版、一九九四年。
59 『永井隆の生涯』前掲書を記した片岡弥吉氏の娘でもある。
60 片岡千鶴子「永井隆と『長崎の鐘』――被爆地長崎の再建」、『被爆地長崎の再建』、片岡千鶴子・片岡瑠美子著、長崎純心大学博物館、一九九六年、五三〜七九頁。

61 本島等「長崎原爆のキリスト教的評価――永井隆博士の発言『原爆はみ摂理・神の恵み』について」、「基督教社会福祉学研究」(二九)、一九九六年、三九～五〇頁／「浦上キリシタンの受難」、「聖母の騎士」、二〇〇〇年一〇月。

62 「ニュースは語る戦後50年――病床から愛と平和」(「長崎新聞」一九九四年九月二九日)、「今、なぜ永井隆を語るのか」(「西日本新聞」一九九四年一〇月二〇日)、「長崎にあって哲学する――原爆被害を掘り下げ」(「日本経済新聞」一九九四年一二月二〇日)、「信徒勇気づけ意図――永井博士を再評価」(「朝日新聞」一九九六月四月二四日)、「迫害・被爆…歴史問い続け――キリシタン史学者片岡千鶴子さん」(「日本経済新聞」一九九七年七月三日)、「ナガサキの思想と永井隆――没後50回目の夏に」(「長崎新聞」二〇〇〇年八月一～五日)、「原爆は神の摂理か」(「中国新聞」二〇〇一年五月一日) など。

63 長野秀樹「原爆は『神の摂理』か――永井隆の前景と後景」、「序説」XIX、一九九九年、三八～四四頁。

64 西村明「祈りの長崎――永井隆と原爆死者」、「東京大学宗教学年報」XIX、二〇〇一年、四七～六一頁。

65 新木武志「長崎における原爆の表象と『浦上』の記憶」、「歴史評論」二〇〇三年、六四～八〇頁。

66 高橋哲哉『国家と犠牲』、日本放送出版協会、二〇〇五年。

67 『焦土の記憶――沖縄・広島・長崎に映る戦後』、前掲、二七五頁。

68 西村明「永井隆における原爆災禍――従軍体験と職業被爆に注目して」、「宗教研究」八六(二)、二〇一二年、三六九～三九一頁。

69 NPO法人長崎如己の会、日本カトリック医師会長崎支部、長崎大学附属病院永井隆記念国際ヒバクシャ医療センター、カトリック長崎大司教区福音化推進委員会「正義と平和推進部会」、後援。

70 山内清海『永井隆博士の思想を語る』、ゆるり書房、二〇〇九年。

71 宇吹暁「IV原爆体験と平和運動」、『十五年戦争史4』、藤原彰・今井清一編、青木書店、一九八九年、一二九～一六四頁。

第三章

1 本章での関心の対象は、地域としては主に被災地を含む長崎市、また、集団としては、長崎市民、長崎市に投下された原爆により被害を蒙った人およびその救援、救護従事者である。

2 「長崎新聞」は、一九四六（昭和二一）年一二月一〇日に四社に分かれた。なかでも「長崎日日」と「民友新聞」は有力紙として競い合っていたが、本書では、当初最も用紙割り当ての多かった長崎日日新聞社の「長崎日日」を主に取り上げる。

3 長崎新聞社も被災し、八月一〇日から九月一三日の約一ヵ月間、西日本新聞社が代行印刷を行なっていた。

4 前註のように、この時期、西日本新聞社が代行印刷しているが、八月一五日の「長崎新聞」「西日本新聞」の紙面構成は異なっている。代行印刷時の「長崎新聞」および「西日本新聞」の印刷と流通状況については、長崎新聞社史にも詳しい記述がなく、詳細不明である。

5 一九四五年七月より「長崎新聞」（「長崎日報」から改題）は、「讀賣報知」「毎日新聞」「朝日新聞」と合同で発行されており、この記事は、写真および字句の異同はあるものの、同年九月一〇日の「讀賣報知」の記事内容と一致している。

6 「IV原爆体験と平和運動」、『十五年戦争史4』、前掲、一三七頁。

7 『検閲　1945-1949――禁じられた原爆報道』、前掲、一三〇～一三一頁。／『日本歴史大事典』、小学館、二〇〇〇年。

8 『長崎市制六十五年史　前編』、一九五六年、九九九頁。

9 秋月辰一郎『長崎原爆記』、弘文堂、一九六六年、九四頁。

10 「IV原爆体験と平和運動」、『十五年戦争史4』、前掲、一三頁。

11 正式名称は、「国家神道、神社神道ニ対スル政府ノ保証、支援、保全、監督並ニ弘布ノ廃止ニ関スル件」(SCAPIN-448)。

12 いずれもカトリック長崎教区の二大年中行事。「日本二十六聖人祭」は、一五九七（慶長二）年にパウロ三木等二六名が捉えられ十字架にかかって殉教したことにちなんで、毎年二月五日に殉教の地とされる長崎駅前の西坂公園で開催される。「聖体行列」は、毎年六月ごろ、聖体を奉持した信徒が、祈りと讃美歌を斉唱しながら屋外を巡回するものである（『長崎市制六十五年史　後編』、前掲書／『旅する教会――長崎邦人司教区創設50年史』、前掲書）。

13 この頃、長崎や浦上を指して「原子の街」という言い方が使われるようになった。原爆被害を受けた街という意味であろうが、その実「〝原子の街〟に桃花ひとひら　風に乗つて季節の訪れ」（「長崎新聞」一九四六年三月八日）という見出しに見られるように、原爆被害に言及するというより、イメージとして用いられる例が多い。

14 長崎軍政府司令官ビクター・デルノア中佐のことと思われる。

15 『永井隆の生涯』、前掲、二五九頁／「長崎日日」一九四七年八月九日。

16 フランシスコ・ザヴィエル。ザベリオあるいはザベリヨとも表記される。

17 後半の二つはカトリック教界の意味づけとして登場しているが、原爆被害を元はキリスト教の用語である洗礼になぞらえ、それにより世界平和がもたらされたという語りは、同時期の広島においても見られるということを宇吹が指摘しており（「Ⅳ原爆体験と平和運動」、前掲、一三九頁）、長崎のカトリック教界の特有の原爆の語りとは言えない。

18 長崎県の地方紙では大きく報道されているが、全国紙では、「毎日新聞」（西部本社版）には記載がなく、「朝日新聞」（東京本社版）には、失業対策に関する外資導入についての官房長官の発言は記事になっているものの、広島市、長崎市の復興に関する記述はない。

19 『活水学院百年史』（活水学院百年史編集委員会、活水学院、一九八〇年）掲載の旧職員名簿では、「やす」と表記されている。

20 「長崎日日」は読売新聞社と提携していた。

21 収録された二二人の原爆体験記のなかには、永井隆のものも含まれている。

22 新木武志も、「ピース・フロム・ナガサキ」の発祥は貿易再開一周年の長崎市民大会である」と指摘している（「戦後長崎における原爆と平和」、「長崎とその表象」研究会、二〇一二年四月二四日報告より）。

23 長崎市の代表的な軍需企業であり全国に展開する三菱重工業株式会社は三つに分かれ、一九五〇年に広島以西の工場等は、西日本重工業株式会社に継承されることになった（『長崎市制六十五年史　中編』、前掲書）。

24 「日本二十六聖人記念碑建立協会」を立ち上げた森英治は、稀代のペテン師として詐欺容疑で逮捕された（一九五〇年八月一七・二五日）。

25 プロテスタント系ミッションスクールの活水女子専門学校教授。当時、メソジスト教会のクルーセイド奨学金を受けて、アメリカのバンダビルト大学に留学中。

26 「長崎原爆の思想化をめぐって——永井隆から秋月辰一郎へ」、前掲、三九〜四〇頁。

27 「Ⅳ原爆体験と平和運動」、前掲、一三頁。

第四章

1 『長崎の鐘』、前掲、一七二〜一七八頁。

2 『この子を残して』、前掲、二三頁。

3 改称後一九四九（昭和二四）年に廃校となり、職員・生徒は純心に吸収された。

4 純心女子学園『純女学徒隊殉難の記録』一版、前掲書。

5 高木俊朗『焼身——長崎・純女学徒隊殉難の記録』、毎日新聞社、一九七二年。

6 高木俊朗『新版　焼身——長崎の原爆・純女学徒隊の殉難』、角川書店、一九八〇年。

7 エディトリアルさあかす『日本の原爆記録⑤』、日本図書センター、一九九一年。

8 「創立五十周年記念誌」編さん委員会『創立五十周年記念誌』、純心女子学園、一九八五年。

9 純心聖母会50年誌編集委員会『長崎純心聖母会の五十年』、長崎純心聖母会、一九八四年。

10 一九八四（昭和五九）年に新たに一名の原爆死が確認され、二一四名となった。

11 純心女子学園『純女学徒隊殉難の記録』四版、前掲、一九九五年。

12 三版以降の一九八〇（昭和五五）年現在のものが最新で、四版でも前記註の一名は加えられていない。後述の校墓銘板に刻まれた殉難者名簿は、一九八四年に修正されている。

13 広島を含めても、学校関係者全員がこれほど献身的に生徒および同僚の救護、捜索を行なった例はめずらしい。

この理由のひとつには、シスターたちが学校と同じ敷地内に起居していたことがあげられる。学校は、生活の場と隣接していた。

14 「学校法人純心女子学園純心女子高等学校　学校案内2012」／「長崎純心大学 Campus Guidebook 2012」。

15 長崎教区の機関紙。一九二八（昭和三）年に創刊後一九四〇（昭和一五）年に廃刊。戦後一九四八（昭和二三）年四月に再刊され、名称変更しつつ現在まで発行されている。なお、再刊から一九六一年五月までは純心内の印刷工場、純心出版部で印刷された。

16 糸永ヨシ「あと始末」、『純女学徒隊殉難の記録』一版、前掲、五〇頁。

17 八田カネ「鹿児島を引き揚げて――大村純心の卒業式まで」、同前、一二〇頁。

18 山田幸子『シリーズ福祉に生きる55　江角ヤス』、大空社、二〇〇八年、一〇三〜一〇六頁。

19 イエスの母マリアが人生を終えてから霊肉共に天に上げられたことを祝う、カトリックの聖母マリアの祭日のひとつ。

20 このときに送られたとされる短歌を記した短冊が二点、長崎純心大学博物館および純心女子高等学校に所蔵されている。引用は『純女学徒隊殉難の記録』掲載の高校所蔵の短冊による。筆者が一部崩し字をかなに改めた。

21 『純女学徒隊殉難の記録』一版、前掲、三二五頁。

22 木野普見雄『原子野のうた声――被爆作曲家の手記』、長崎国際文化協会、一九五六年、六頁。

23 雑誌「キング」前掲の連載初出。二〇一〇（平成二二）年現在、全集および他言語を含めのべ一三社以上から出版され、一九八三（昭和五八）年には映画化もされている。

24 『純女学徒隊殉難の記録』一版、前掲、扉。

25 仁木三良編『平和百人一首』、平和の鐘楼建立会、一九五〇年。

26 片岡弥吉。キリシタン史研究者で永年純心に勤務し、純心女子短期大学副学長を勤める。戦前から「カトリック教報」の編集に関わり、永井隆とも親交が深かった。

27 シスターの意。

28 『創立五十周年記念誌』、前掲、一八六頁。

29 「被爆五十周年記念誌」編集委員会『被爆五十周年記念誌』、純心女子学園、一九九六年。

30 純心女子高等学校新聞部発行の「純心新聞」第五号（一九五六年一二月八日）、第八号（一九五九年二月二五日）「純心」第一一号（一九五九年一〇月二三日）が現存するほか、純心女子学園出版部発行の「長崎純心弘報」が一九六三（昭和三八）年に創刊され、第九号（一九六六年五月一〇日）以降が不完全ではあるが残存。現在も「純心広報」として発行されている。

31 一九七五（昭和五〇）年に創刊後、一九八八（昭和六三）年より「清流」と改称し、現在も発行されている。

32 『創立五十周年記念誌』、前掲、一九八頁。

33 「原爆殉難教え子と教師の像」維持委員会『長崎原爆学校被災誌――原爆殉難教え子と教師の像建立記念』、一九八四年、一〇四頁。

34 田中澄江「解説『焼身』に思う」、『焼身』、高木俊朗著、角川書店、一九八〇年、三二三頁。

35 「原爆被災文献目録と解題の試み――資料・体験記・運動・文学の部」、前掲、一八六頁。

36 水田九八二郎『原爆文献を読む――原爆関係書2176冊』、中央公論社、一九九七年、一七六頁。

37 このほか、純女学徒隊の作業服などの遺品が、通常は校長室に「校宝」として保管され（二〇〇八年現在）、八月九日のミサと慰霊祭の際に、聖堂の入口および祭壇、校墓の前に飾られる。この「校宝」という概念も、広島を含む他の学校には見られない。

38 『純女学徒隊殉難の記録』一版、前掲、三二三頁。

39 木野普見雄「燔祭のうたの作曲にいつて《ママ》」、同前、三二七〜三二八頁。

40 「あと始末」、前掲、五〇頁。

41 文面から、教職者。徳永義雄「諫早避難所」、『純女学徒隊殉難の記録』一版、前掲、六四頁。

42 山田義貞「決死の覚悟をしていた茂子」、同前、二四〇頁。

43 田尾みつ「千代ちゃんに捧ぐ」、同前、二八一頁。

44 友永ハナ「友永セイ子のこと」、同前、三〇五頁。

45 これらについて、文面からはカトリック教徒であるという要素は見受けられなかった。

46 今井ツネ「マキエと思い出の鼻緒」、『純女学徒隊殉難の記録』一版、前掲、一九三頁。

47 この丘の名前の由来も、純心の被爆と深く関わっている。三ッ山は戦時中の純心の疎開地であり、被爆当時、多くのシスターと生徒が松脂採取に訪れていて被爆を免れ、被爆した先生・生徒の救護に奔走した。この丘がなければ純心は復興しなかったということで、「恵の丘」と名づけられた。この経緯は、純心女子学園および恵の丘長崎原爆ホームの複数の文献で繰り返し語られている。

48 山田幸子編『江角ヤス講話集 命の道しるべ』、純心聖母会、二〇〇八年、九〇頁。

49 同様の記述は、別館落成式の江角理事長の御礼の言葉の引用として、恵の丘長崎原爆ホームの印刷物にも見られる（「社会福祉法人純心聖母会 恵の丘長崎原爆ホーム」パンフレット・「社会福祉法人純心聖母会 恵の丘長崎原爆ホーム施設現況」）。そのなかで、江角は、「国をおもい親をおもい、か弱い少女の身をもって工場で働き、遂に原爆の炎に生きながら殉職された生徒達のいじらしさ」と述べている。江角にとって原爆で亡くなった子供たちは「愛国少女」であり、それは悲しみのなかにも讃美すべきことだった。参考までに、前記パンフレットなどに掲載されている「恵の丘のうた」の二番の歌詞は、次のようなものである。「世はうつるともきみが名を知る／人びとは世々につぎて／たたえんいさおを／栄光のみくにより／みそなわせおとめら／かの日のにえ犠牲はここに／花咲けり」。この歌の副題は、「原爆のいけにえ」である（石川和子「恵みの丘――原爆のいけにえ」、『感謝と賛美――創立75周年記念』、純心聖母会、二〇〇九年、七五頁）。

50 『被爆五十周年記念誌』、前掲、三〇二頁。

51 「ロザリオ」は、カトリック教会において広く親しまれる祈りの形態で、数珠（ロザリオ）が用いられる。純心の「世界平和のロザリオの祈り」は、毎朝八時から聖堂で世界平和のために捧げられている。この祈りは、「昭和25年の朝鮮動乱の時、原爆によって戦争の痛みを強く感じていた生徒会によって自主的に始められ、今日まで〝平和を願う声〟として受け継がれている」（「2005 純心女子高等学校入学のしおり」）と言うように、純心の平和学習のなかでも主要なものと位置づけられているが、前述の『平和』を求めてソ連の改心を祈る制服の乙女たち」（「カトリック教報」一九五一年二月一日）という記事に見られるように、開始当時は反共色が鮮明であった。

52 一九九六年の時点では、中学より高校の方が熱心である。原爆資料館見学や被爆体験証言の聴講、原爆被害等のビデオ鑑賞なども行なっているが、特徴的なのはロザリオの祈りと高一以外の全校生徒が参加する慰霊祭が含まれていることである。なお、高一は、一九五六（昭和三一）年以来、毎年長崎市主催の長崎原爆犠牲者慰霊平和祈念式典で合唱を行なっている。

53 『被爆五十周年記念誌』、前掲、三〇三頁。

54 同前、二一四頁。

55 一九九五（平成六）年七月に天皇・皇后が恵の丘長崎原爆ホームを訪問しており、当時の関係者の記憶に新しいが、他資料も考え合わせると、このことが純心をめぐる原爆の語りに与えた影響はローマ教皇ヨハネ・パウロ二世の訪問と比較して小さいと判断できる。しかしながら、純心をめぐる原爆の語りを生み出してきた中心的な人物である江角ヤスは、愛国心が人一倍強く、大変な皇室びいきであったという（『シリーズ福祉に生きる55　江角ヤス』、前掲、六七頁）。一九七〇年四月の純心の放送朝礼で江角は、「天皇誕生日を迎える心がけ」として、外国の人達と生活をするなかで、「日本民族は皇室をいただいて尊敬し、お仕え申し上げてきたこと」が一番誇りをもって話せたことだと述懐している（『江角ヤス講話集　命の道しるべ』、前掲、一四〜一五頁）。翌一九七一（昭和四六）年九月の放送朝礼では、天皇・皇后のヨーロッパ訪問にあたり「私たち国民はご無事でつつがなく旅行を終えなさるようにお祈りいたしましょう」と、一八日間の祈りを呼びかけている（同前、四四頁）。このような皇室への傾倒とナショナリズムが、カトリック信仰とどのように折り合っているのかは判然としないが、江角ヤスを中心として戦中のみならず、戦後も見受けられる。

56 高平美智子「恵の丘長崎原爆ホームについて」『被爆五十周年記念誌』、前掲、二四四頁。

57 Joannes Paulus II. 在位一九七八〜二〇〇五年。

58 山口ヨシエ「純心女学校の思い出」、『被爆五十周年記念誌』、前掲、二七頁。

59 林房子「あの日のこと」、同前、一二七頁。

60 田中幸子「戦後・被爆五十周年に思う」、同前、九頁。

61 中島タマ子「被爆体験について」、同前、一二五〜一二六頁。

62 『純女学徒隊殉難の記録』には執筆していない。
63 深堀ナツ「原爆体験記」、『被爆五十周年記念誌』、前掲、一六七頁。
64 松下ミネ「主与え、主取りたもう」、『被爆五十周年記念誌』、前掲、一八八頁。
65 主婦の友社『永久保存版　教皇訪日公式記録　ヨハネ・パウロII世』、一九八一年、六八頁。
66 同前、一一九頁。
67 ナガサキ・フォト・サービス『1981. 2. 25 ～ 26 JOHN PAUL II IN NAGASAKI』、一九八一年、三頁。
68 『長崎純心聖母会の五十年』、前掲、五四頁。
69 恵の丘長崎原爆ホーム本館被爆者『原爆体験記』、恵の丘長崎原爆ホーム、一九八二年。
70 同前、一五七頁。
71 恵の丘長崎原爆ホーム被爆者『原爆体験記　第二集』、恵の丘長崎原爆ホーム、一九八四年、六頁。
72 恵の丘長崎原爆ホーム・軽費老人ホームときわ荘・恵の丘老人ホーム『原爆体験記　第四集』、恵の丘長崎原爆ホーム、一九八七年、一五七頁。
73 表紙および扉に教皇(あるいは恵の丘に建つ来訪記念の教皇の立像)の写真が使われている場合を含む。なお、第十三集では「生きた平和アピール」という言葉が使用されるのみだが、これも含めることとした。
74 第十八集以降、入居者の高齢化などから被爆体験記のみで構成することが困難になったため、入居者に被爆体験の聞き取り学習を行なった学校の生徒やホーム職員などの手記を加え、改称して発行されている。
75 恵の丘長崎原爆ホーム『青空――平和への希望を託して　第一八集』、二〇〇三年、一一九頁。
76 筆者の社会福祉法人純心聖母会　恵の丘長崎原爆ホーム施設長、堤房代氏へのインタビュー(二〇〇九年九月八日)より。
77 筆者の前記堤房代氏、同別館生活相談員・介護支援専門員、鹿山彰氏に対するインタビュー(二〇〇九年九月八日)および「社団福祉法人純心聖母会　恵の丘長崎原爆ホーム」パンフレットより。
78 恵の丘長崎原爆ホーム『青空――平和への希望を託して　第二〇集』、二〇〇五年、一〇九頁。
79 ただし、個々の入居者の語りはこの枠に収まらない。山田幸子は、本館発行の『原爆体験記』第一～一八集および別館発行の『被爆』第一・二集に収録された四九三名の記録を読み、「『原爆体験記』に見る被爆者の意識」に関する統計を行なっているが、これによれば、四一名（八％）が「原爆体験を次世代に語り継ぐ使命感がある」と記述する一方で、五六名（一一％）が「思い出したくない」「話したくない」「そっとしていて欲しい」と記している（『シリーズ福祉に生きる55　江角ヤス』、前掲、一七一〜一八〇頁）。ホームとしての公的な語りのなかでは、ヨハネ・パウロ二世の影響を受けた原爆の語りが支配的な語りとして登場するが、個々の被爆者の手記のなかでは、依然として支配的な語りに回収されないものがあることがうかがえる。

80　「恵の丘長崎原爆ホームについて」、『被爆五十周年記念誌』、前掲、二四四〜二四五頁。

81　「平和を考える被爆50年」実行委員会『大江健三郎記念講演　信仰する人たちもそうでない私らも』、長崎純心大学、一九九五年。

82　カトリック教徒か否かは不明。A、B、Cは当時高三、Eは高二である。

83　「座談会〝故　学園長先生の精神を語る〟」一九八一年一二月二三日。

84　筆者の参与観察（二〇〇八年八月九日、二〇一一年八月九日）および当日配布された「純女学徒隊　原爆殉難者慰霊祭　式次第」および「平和を祈る　純女学徒隊　原爆殉難者慰霊祭」パンフレットより。

85　純心の原爆被害の実態視察が目的だった。

86　江角ヤス「増本京子さん　おわびの致しようもございません」、『純女学徒隊殉難の記録』一版、前掲、二九六〜二九七頁。

87　「あと始末」、前掲、五三頁。

88　このときは、被爆した江角ヤスの病床に生徒の遺族が見舞いに訪れて語った言葉として記されている。

89　片岡スエ子「感謝のうちに」、『創立五十周年記念誌』、前掲、六九頁。

90　Bettelheim, Bruno, 1979, *SURVIVING* and Other Essays: Alfred A. Knopf.（高尾利数訳『生き残ること』、法政大学出版局、一九九二年）

91　『可能性としての歴史――越境する物語り理論』、前掲、ⅵ頁。

92　「主与え、主取りたもう」、『被爆五十周年記念誌』、前掲、一八八頁。

93 「増本京子さん　おわびの致しようもございません」、前掲、二九九頁。

94 「あと始末」、前掲、五一頁。

第五章

1 伊藤明彦『原子野の「ヨブ記」――かつて核戦争があった』、径書房、一九九三年、二八三頁。

2 日本カトリック教会唯一の全国紙。一九二三（大正一二）年に「公教青年時報」として創刊後、名称変更しつつ発行され、一九四五（昭和二〇）年に休刊。戦後一九四六（昭和二一）年二月に復刊し、現在も発行されている。なお、一九四七（昭和二二）年一月より長崎教区機関紙「カトリック教報」再刊までのあいだ、「カトリック新聞」紙面上に不定期で「長崎版」が設けられた。本書ではこの長崎版を中心に取り上げる。

3 一九四七年八月に永井隆により「荒野」と命名され、永井を顧問とする浦上カトリック連合青年会の機関紙として創刊された。永井隆との関わりは深く、編集指導を行ない、執筆者や選者としても加わっている。一九四九（昭和二四）年一二月以降は、少年団、姉妹会、婦人会も加わり浦上小教区の機関紙となったが、翌一九五〇（昭和二五）年一二月より「あれの」と名称変更し、八頁折込みから頁数を増やし、機関誌として発行されるようになった。一九六九（昭和四四）年に休刊後、一九七一（昭和四六）年に復刊するものの、一九七二（昭和四七）年一二月に終刊となる。カトリック浦上教会のご厚意により、特別に閲覧させていただいた。

4 同前、一一一頁。

5 『長崎――爆心地復元の記録』、前掲、一五八頁。

6 『長崎原爆記』、前掲、一六四頁。

7 浦上教会のオピニオンリーダーの一人。永井隆とも親交が深かった。

8 抄訳、カトリック中央協議会福音宣教研究室『歴史から何を学ぶか――カトリック教会の戦争協力・神社参拝』、新世社、一九九九年。

9 Pius XII. 在位一九三九～一九五八年。

10 Joannes XXIII. 在位一九五八～一九六三年。

11 ローマ教皇が、信仰、道徳、社会問題について司教を通じ信徒全体に与える書簡。

12 第二一回目の公会議で、一九六二（昭和三七）年一〇月～一九六五（昭和四〇）年一二月まで、ローマのサンピエトロ大聖堂で開催された。公会議は、信仰内容や規範に疑義や異論が生じた際に協議し、結論を出すために召集される（『カトペディア2004』編集委員会『カトペディア2004』、カトリック中央協議会、二〇〇四年、八五頁）。

13 サンパウロ『第2バチカン公会議公文書全集』、一九八六年、三九〇頁。

14 Paulus VI. 在位一九六三～一九七八年。

15 当初は「正義と平和司教委員会」という名称だった。

16 「長崎原爆の思想化をめぐって――永井隆から秋月辰一郎へ」、前掲書。

17 『長崎――爆心地復元の記録』、前掲、一一頁。

18 『ナガサキの被爆者――部落・朝鮮・中国』、前掲、六〇頁。

19 『長崎の鐘』、前掲、一七一頁。

20 永井隆編『私たちは長崎にいた――原爆生存者の叫び』、一九五二年、大日本雄弁会講談社。

21 同前、一三五～一三六頁。

22 同前、一五五頁。

23 『ナガサキの被爆者――部落・朝鮮・中国』、前掲、四七～四八頁。

24 筆者の深堀繁美氏に対するインタビュー（二〇一二年五月九日）より。

25 同前、四九頁。

26 『私たちは長崎にいた――原爆生存者の叫び』、前掲、一〇五頁。

27 同前、二二二頁。

28 Lifton, Robert Jay, *DEATH IN LIFE: Survivors of Hiroshima*, New York: Random House, 1968.（桝井迪夫ほか訳『ヒロシマを生き抜く――精神史的考察　上』、岩波書店、二〇〇九年、九一～九三頁）

29 『永井隆の生涯』、前掲、二〇〇頁。

30 片岡千鶴子・片岡瑠美子『被爆地長崎の再建』、前掲、七一頁。
31 『永井隆の生涯』、前掲、一九六～一九七頁。
32 同前、一九六頁。
33 「永井隆における原爆災禍――従軍体験と職業被爆に注目して」、前掲、一九七頁。
34 『いとし子よ』、前掲、一二四頁。
35 『被爆地長崎の再建』、前掲、七〇頁。
36 一九九五（平成七）年に長崎純心大学・浦上教会の共催で開かれた「平和を考える被爆五十年、大江健三郎記念講演・大江光平和コンサート」内での発言。
37 『被爆地長崎の再建』、前掲、六頁。
38 同前、七一・七七頁。
39 「永井隆における原爆災禍――従軍体験と職業被爆に注目して」、前掲、一九六頁。
40 長崎原爆被災者協議会『あすへの遺産』、一九九一年。
41 長崎市原爆被爆対策部『長崎原爆被爆50年史』、長崎市原爆被爆対策部、一九九六年。
42 前記「長崎原爆乙女の会」と「長崎原爆青年会」が一九五六年に合併し、「長崎原爆青年乙女の会」となった。
43 花園松子「これでよいのか」、『もういやだ――原爆の生きている証人たち』、前掲、一五一頁。
44 江頭千代子「直美と生きる」、同前、九頁。カトリック信者かは不明。
45 森秀雄「内部を破壊するもの」、『もういやだ――原爆の生きている証人たち』、同前、六一頁。
46 体験記の掲載当時、長崎大学病院の清掃員をしていた。
47 片岡津代「悪夢の27年間」、「潮」一九七二年、一七五～一七六頁。
48 『原爆被害の実相――長崎レポート』、前掲、三頁。
49 同前。
50 『長崎――爆心地復元の記録』、前掲、二二五頁。
51 『爆心の丘にて――山里浜口地区原爆復元の会』、前掲、三七二頁。

52 同前、三三五～三三六頁。
53 『長崎の証言――戦争と原爆の体験を見つめ証言する長崎の声』（前掲）に付録として記載があるが、付録実物は確認できなかった。おそらく同内容のものが『長崎の証言　創刊号（改訂版）』（一九七三年）に「あの日から23年　長崎原爆被災者の実態と要求――長崎原爆被災者実態調査報告」として収録されている。
54 『長崎の証言――戦争と原爆の体験を見つめ証言する長崎の声』、前掲、一〇頁。
55 「長崎の証言」刊行委員会から、一九七一年に「長崎の証言の会」と改称。
56 石田は「原爆」を「被爆者の原体験をいうのみならず、その戦後課程のすべてをも包摂する」と定義している。
57 『反原爆』、前掲、三八頁。
58 一九七八年に長崎総合科学大学と改称。
59 長崎県教職員組合長崎総支部・長崎原爆被爆教師の会・平和教育資料編集委員会『原爆をどう教えるか――ながさきの平和教育Ⅰ』、一九七一年／長崎県教職員組合長崎総支部・長崎原爆被爆教師の会・平和教育資料編集委員会『継承の証を絶たず――ながさきの平和教育Ⅱ』、一九七二年／平和教育資料編集委員会『ながさきの平和教育Ⅲ――原爆を教えつづけて』、長崎平和教育研究会、一九七七年など。
60 『原爆手記掲載図書・雑誌総目録 1945-1995』、前掲、四一八～四一九頁。
61 石田忠『原爆体験の思想化――反原爆論集Ⅰ』、未來社、一九八六年、三八頁。
62 『反原爆』、前掲、五一頁。
63 福田須磨子「たたかいの二十年」、『原爆ゆるすまじ』広島県被爆者の手記編集委員会、新日本出版社、一九六五年、九三頁。
64 片岡津代・鎌田定夫「『戦争・原爆は人間のしわざです』――あるカトリック信者の被爆証言」、「長崎平和研究」（一三）、二〇〇二年、二六頁。
65 一九五三（昭和二八）年に洗礼を受けた。
66 『長崎原爆記』、前掲、一六四頁。
67 「『戦争・原爆は人間のしわざです』――あるカトリック信者の被爆証言」、前掲、二五頁。

68 安息日（日曜）に、近所の信徒が各家に順番に集まって病人や死者のために祈る慣習。そのあとにお茶等が出され、親睦会としての要素もあった。開始および終了はともにはっきりとしないが、最近では見られなくなったという。「あれの」によれば、少なくとも一九七〇年代初めまではこの慣習が生きていたことがわかる（「あれの」一九七二年五月一二日、一五頁）。

69 「死人講」とも言う。信徒を会員として会員相互の密接な連絡と親睦を図るとともに、死者があった際、葬儀一切の世話をする信徒間の共済制度。葬儀の際は、費用を共同で負担するほか、近所の信徒が仕事を休んで墓を掘り、十字架や棺桶を作るなどし、家族の代わりに市役所に死亡届を届ける役割も担った。中町教会では一九四七（昭和二二）年に発足しており（「カトリック新聞」一九四七年六月八日）浦上小教区内でも地域によっては現在も存続している（筆者の深堀好敏氏［二〇一二年五月三〇日］・深堀繁美氏［二〇一二年六月一九日］・インタビューより）。

70 永井隆編『原子雲の下に生きて』、大日本雄弁会講談社、一九四九年、七〜八頁。被爆時五歳。手記の文章からカトリック家庭であることがわかる。

71 他所の記述から、おそらく森内マツ。

72 『ナガサキの被爆者――部落・朝鮮・中国』、前掲、五〇頁。

73 山内継祐『そして、愛が残った！――教皇訪日エピソード集』、コルベ出版社、一九八四年、一九頁。

74 一〇ヵ月にわたり九ヵ所の会場を巡回し、延べ一五〇万人の来場者を記録している（水浦征男『教皇訪日物語』、聖母の騎士社、二〇一一年、二〇六頁）。長崎市では、一九八〇（昭和五五）年一二月一八〜二八日にかけて、カトリック長崎大司教区・長崎新聞社・大ヴァチカン展実行委員会主催で小規模な展覧会が開かれた。

75 カトリック司教協議会広報委員会『ヨハネ・パウロII世』、カトリック司教協議会広報委員会、一九八〇年、一頁。

76 『そして、愛が残った！――教皇訪日エピソード集』、前掲、一〇三頁。

77 『永久保存版　教皇訪日公式記録　ヨハネ・パウロII世』、前掲、六八頁。

78 これに先立ち、「長崎滞在中、市が主張している完全軍縮、核廃絶、世界の恒久平和アピールを行って欲しい。

できれば、原爆関係の国際文化会館、原爆病院、恵が丘《(ママ)》原爆ホームなど見てもらいたい」という要望を表明している（「長崎新聞」一九八〇年一二月二一日）当初教皇庁は、長崎の旅程は司牧を中心とした宗教行事に限るという意向で、教皇代理の平和公園での献花も予定していなかったが、長崎市の要請により実現することとなった。

79 『永久保存版　教皇訪日公式記録　ヨハネ・パウロⅡ世』、前掲、一一九頁。

80 仙台教区司祭　三浦平三の発言。

81 日本カトリック社会司教委員会『平和と現代の日本カトリック教会——教皇「平和アピール」に答えて』、カトリック司教協議会、一九八一年。

82 同前、八頁。

83 同前、九頁。

84 日本カトリック司教団、一九八二年。「核兵器完全禁止を要請しよう趣意書」、カトリック中央協議会ホームページ、第五・六段落（二〇一三年一月九日取得、http://www.cbcj.catholic.jp/jpn/doc/cbcj/8201.htm）。

85 『カトペディア2004』、前掲、二三三・二八二頁。

86 カトリック中央協議会『教皇ヨハネ・パウロⅡ世「世界平和の日」メッセージ』、一九八二年。

87 同前、一二〜一三頁。

88 橋本美千子・橋本正明編『第十一回日本カトリック正義と平和協議会長崎全国会議報告書』、日本カトリック正義と平和協議会事務局、一九八六年、六七頁／カトリック中央協議会出版部『カトリック教会情報ハンドブック2010』、二〇〇九年、七九〜八〇頁。

89 司教が宗教的見地から、ある緊急課題について、その考え方および解決への方向性を示すもの。

90 日本カトリック司教団『日本カトリック司教団　平和についての司牧教書　平和への望み——日本のカトリック教会の福音的使命』、カトリック中央協議会、一九八三年、二頁。

91 『カトペディア2004』、前掲、二三三頁。

92 日本カトリック司教協議会、二〇一二年。「日本カトリック司教協議会発表文書一覧」、カトリック中央協議会ホームページ（二〇一三年一月九日取得、http://www.cbcj.catholic.jp/jpn/library/list.php）。

93 司教を会員とする教会法に定められたカトリック教会の常設機関で、日本におけるカトリック教会の全国的な共通の関心事について協議し、時代に適合した活動を促進することを目的に設置されている（『カトペディア2004』）。

94 水浦久之編『長崎大司教区司教座　浦上天主堂改装記念誌　1980・10・4』、浦上カトリック教会、一九八一年。

95 『神の家族400年――浦上小教区沿革史』、前掲、一七三頁。

96 浦上教会信徒、山田市太郎。

97 「『戦争・原爆は人間のしわざです』――あるカトリック信者の被爆証言」、前掲、二六頁。

98 『第十一回日本カトリック正義と平和協議会長崎全国会議報告書』、前掲、六九頁。

99 『あすへの遺産』、前掲、一三〇頁。

100 『第十一回日本カトリック正義と平和協議会長崎全国会議報告書』、前掲、二頁。

101 同前。

102 同前、六一頁。

103 同前、八頁。

104 同前、一一頁。

105 同前、一八頁。

106 同前、八七頁。

107 同前、二七頁。

108 同前、三〇頁。

109 同前、三五頁。

110 同前、四五頁。

111 同前、四六頁。

112 同前、四六頁。

113 同前、六九～七〇頁。

結び

1 『長崎――爆心地復元の記録』、前掲、一一頁。

2 高山真の「『長崎』をめぐる記憶の回路――『企業と原爆』調査の検討を中心に」に登場する被爆者の「Mさん」は、「たしかに、私自身の過去をふりかえっても、浦上にたいする差別意識のようなものはありましたが、そのことと原爆の問題をむすびつけて論じることは、原爆の被害を浦上に限られたものとして矮小化することにつながると思うのです」（『被爆者調査を読む――ヒロシマ・ナガサキの継承』、浜日出夫・有末賢・竹村英樹編著、慶應義塾大学出版会、二〇一三年、八〇頁）と語っている。爆心地近くにあった浦上の被害は甚大だったが、「Mさん」の指摘するように、被害を受けたのは「浦上」だけではない。諏訪神社を信仰していた旧市街の被害と対照させて語られることが多いが、甚大な被害を受けた浦上川流域は、非カトリック教徒が多く住む町を含み、これらも同様に壊滅的な被害を受けている。また、浦上自体、大正期以降、新興住宅地と工場地帯に変貌しつつあり、さらに戦時中の工場群への大規模な動員により労働人口が流入することによって、カトリック教徒の比率は下がっていた。実際に、原爆による長崎市の死者数が六〜七万人とされるなかで、浦上小教区の死者は、八千五〇〇人と言われる。あくまで推定値による比較ではあるが、長崎市の死者数を六万人としても、カトリック教徒の七倍以上の非カトリック教徒の死者がいたことになる。

3 カトリック正義と平和広島協議会『戦争は人間のしわざです』、一九九一年、二六一頁。

4 カトリック正義と平和広島協議会「平和を願う会」、『破壊の日――外人神父たちの被爆体験』、一九八三年。

5 『戦争は人間のしわざです』、前掲書。

6 穐本《あきもと》昭江「父の死」、同前、一六三頁。

7 同前、二六一頁。

8 磯野沙月『浦上で原子爆弾に被爆したカトリック信徒に関する研究――被爆体験と信仰の関連、被爆体験を「語ること」の気持ちの変化の観点から』、二〇一一年度博士前期課程学位論文。

参考文献

相川ノブ子編『記念誌――長崎原爆60周年常清高等実践女学校 神戸空襲60周年聖マリア女学校』、ショファイユの幼きイエズス修道会日本管区、二〇〇五年。

「現代思想」二三（一）、青土社、一九九五年。

上野千鶴子『ナショナリズムとジェンダー』、青土社、一九九八年。

宇吹暁「被爆体験と平和運動」、『戦後日本　占領と戦後改革　第4巻　戦後民主主義』、岩波書店、一九九五年、九七～一三〇頁。

江角ヤス『江角ヤス初代学園長からのプレゼント――純心・言葉の花束 純心・思い出の栞』、純心女子学園、一九九九年。

「江角ヤス学園長先生追慕の記」編集委員会『江角ヤス学園長先生追慕の記』、純心女子学園、一九八一年。

佐藤卓己『八月一五日の神話――終戦記念日のメディア学』、筑摩書房、二〇〇五年。

サンパウロ『第2バチカン公会議公文書全集』、一九八六年。

純心女子学園『純女学徒隊殉難の記録』再版、一九七〇年。

純心女子学園『純女学徒隊殉難の記録』三版、一九八〇年。

杉浦太一・吉田直哉『滝山の風に吹かれて――江角ヤスの生涯と教育』、聖母の騎士社、二〇〇九年。

浜日出夫「ヒロシマを歩く――慶応義塾大学被爆者調査再訪」、「法学研究」七七（一）、二〇〇四年、二三七～五八頁。

細谷千博ほか編『記憶としてのパールハーバー』、ミネルヴァ書房、二〇〇四年。

直野章子「暴力の跡と情動という知――〈ヒロシマ〉の跡を辿りながら」、『戦後日本における市民意識の形成――戦争体験の世代間継承』、浜日出夫編、慶應義塾大学出版会、二〇〇八年、二三～五一頁。

直野章子『『被爆の証言』を紡ぎだす――『原爆の絵』作者への聴きとりから」、『国立歴史民俗博物館研究報告』第一四七集、二〇〇八年、一九七～二一七頁。

直野章子「ヒロシマの記憶風景――国民の創作と不気味な時空間」、「社会学評論」六〇（四）、二〇一〇年、五〇〇～

五一六頁。

永井隆『永井隆全集』一～三巻、サンパウロ、二〇〇三年。

長野秀樹「浦上／長崎――長崎文学論Ⅰ」、「叙説」XIV、一九九七年、五〇～五五頁。

長崎県部落史研究所『論集　長崎の部落史』、一九九二年。

長崎県教育会『長崎県教育史』、一九七六年。

長崎市議会『長崎市議会史　記述編　第三巻』、一九九七年。

長崎市役所『長崎原爆戦災誌　第二巻　地域編』、長崎国際文化会館、一九七九年。

西村明「国の弔意？――広島と長崎の国立原爆死没者追悼平和祈念館をめぐって」、『新しい宗教施設は必要か』、国際宗教研究所、ぺりかん社、二〇〇四年、一九八～二二一頁。

恵の丘長崎原爆ホーム（別館）『被爆――あの日を忘れないために』、一九九五年。

恵の丘長崎原爆ホーム別館『被爆――未来に語り継ぐ』、長崎出島文庫、二〇〇〇年。

恵の丘長崎原爆ホーム別館『被爆――響け長崎の鼓動』、ゆるり書房、二〇〇五年。

恵の丘長崎原爆ホーム別館『被爆――核兵器のない世界へ』、ゆるり書房、二〇一〇年。

渡辺千恵子『長崎に生きる』、新日本出版社、一九七三年。

Dower, John W., 1993, Japan in War & Peace: The New Press.（明田川融監訳『昭和――戦争と平和の日本』、岩波書店、二〇一〇年）

Dower, John W., 1999, Embracing Defeat: Japan in the Wake of World War II. W. W. Norton&Company/ The New Press.（三浦陽一・高杉忠明訳『増補版 敗北を抱きしめて　上下』、岩波書店、二〇〇四年）

Laura Hein and Mark Selden, eds., 1997, Living With the Bomb: American and Japanese Cultural Conflicts in the Nuclear Age, New York: M. E. Sharpe.

Sturken, Marita, 1997, TANGLED MEMORIES: The Vietnam War, The AIDS Epidemic, and the Politics of Remembering.（岩崎稔訳『アメリカという記憶――ベトナム戦争・エイズ・記念碑的表象』、未來社、二〇〇四年）

四條知恵（しじょうちえ）

広島県広島市生まれ。早稲田大学第一文学部史学科卒業。財団法人広島平和文化センター広島平和記念資料館学芸員として勤務。九州大学大学院比較社会文化学府博士課程修了。博士（比較社会文化）。現在、長崎大学核兵器廃絶研究センター客員研究員。

浦上の原爆の語り
――永井隆からローマ教皇へ

二〇一五年八月一五日　初版第一刷発行

定価――本体二五〇〇円＋税
著者――四條知恵
発行者――西谷能英
発行所――株式会社　未來社
〒一一二―〇〇〇二東京都文京区小石川三―七―二
電話〇三―三八一四―五五二一（代）
振替〇〇一七〇―三―八七三八五
http://www.miraisha.co.jp/
Email: info@miraisha.co.jp
印刷・製本――萩原印刷

ISBN978-4-624-41101-5 C0036

破壊者のトラウマ
小坂洋右著

〔原爆科学者とパイロットの数奇な運命〕原爆に関わった科学者と軍人が、その後歩んだ数奇な人生。遺族への取材、大量の参考文献を援用して加害者のその後の心理を抉り出す。

一八〇〇円

大地の哲学
小坂洋右著

〔アイヌ民族の精神文化に学ぶ〕苛酷な抑圧と差別、同化政策によって発信力を奪われてきたアイヌ民族。だが、その世界観には日本人が失い道を誤る原因となった「自然への畏れ」が息づいている。

二二〇〇円

櫻隊全滅
江津萩枝著

〔ある劇団の原爆殉難記〕広島で原爆を受けて全滅した丸山定夫以下九名の移動演劇〝櫻隊〟の悲惨な死を、あらゆる資料・証言・実地踏査などを通して記録した感動的な鎮魂の書。

一八〇〇円

東日本大震災以後の海辺を歩く
原田勇男著

〔みちのくからの声〕仙台在住の詩人が、3・11以後の被災地を歩き、見て、現場の声に耳を傾け、大震災のいまだ癒えぬ傷跡と向き合う言葉を模索する。

二〇〇〇円

年表ヒロシマ40年の記録
中國新聞社編

一九四五年八月六日の原爆投下から四〇年間の出来事を年表形式でまとめる。被害の実相、復興と援護の推移、核兵器開発、原水禁運動などについて、その推移を詳細に追う。充実の資料性。

三〇〇〇円

ガンマ線の臨終
八田元夫著

〔ヒロシマに散った俳優の記録〕原爆死した丸山定夫以下九人の俳優たちの凄惨な現実に立ち会った著者が、切々たる愛情と烈しい原爆への怒りをこめて描く感動的な原爆体験記。

七五〇円

アメリカという記憶
マリタ・スターケン著／岩崎・杉山・千田・高橋・平山訳

〔ベトナム戦争、エイズ、記念碑的表象〕ベトナム戦争、エイズの流行など、アメリカ社会に深刻なトラウマを残した出来事は、どのように記憶され、表象されたのか。精緻に分析する。

三八〇〇円

アウシュヴィッツと表象の限界
ソール・フリードランダー編／上村・小沢・岩崎訳

アウシュヴィッツに象徴されるユダヤ人虐殺の本質とは何か。歴史学における〈表象〉の問題をギンズブルグ、ホワイトらの議論を中心に展開された白熱のシンポジウムの成果。

三二〇〇円

〔消費税別〕